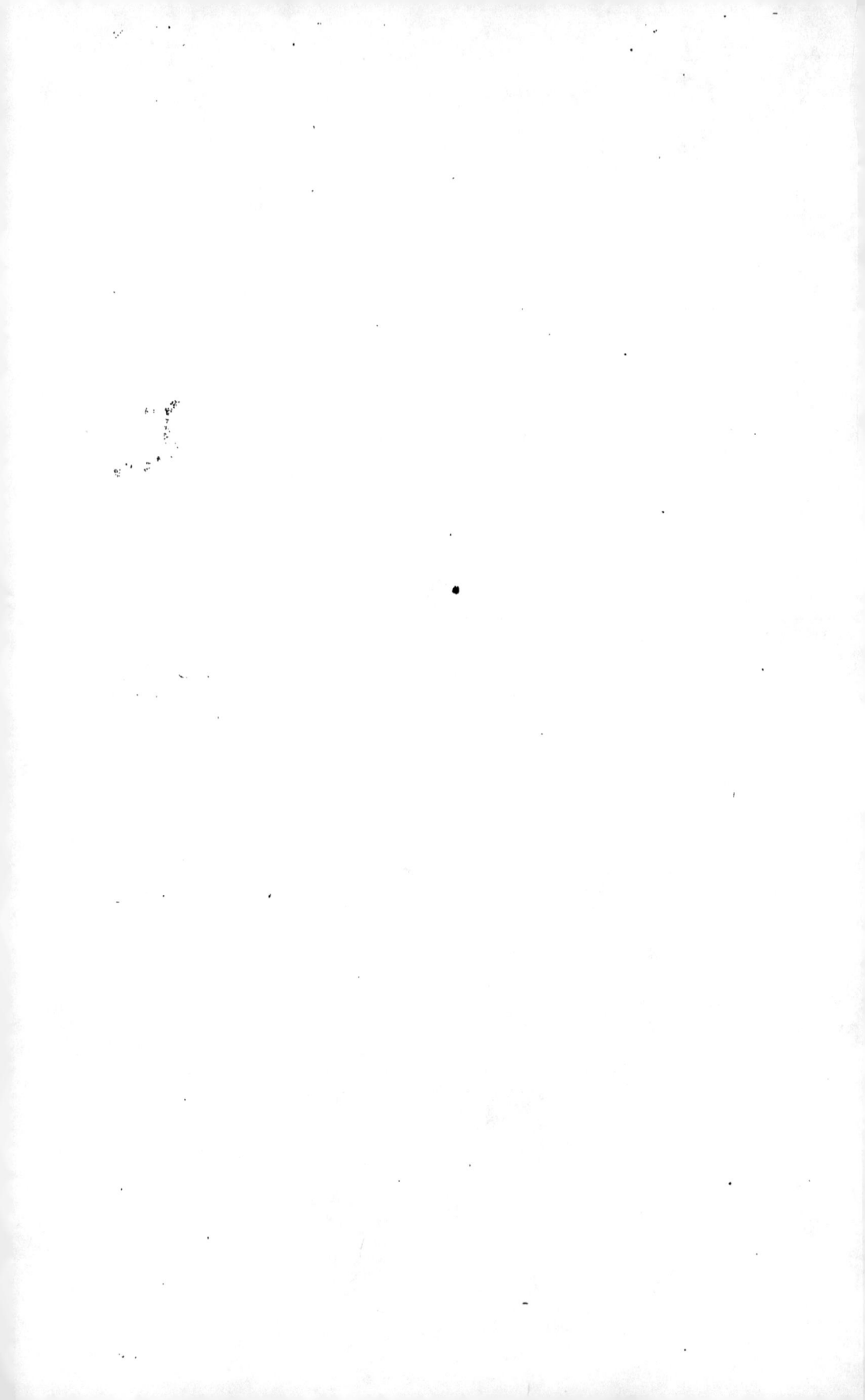

F ©

THÉORIE

DE

LA PROCÉDURE.

La deuxième partie du tome 3 paraîtra avant le 1er janvier prochain.

Poitiers, impr. de Saurin.

THÉORIE

DE

LA PROCÉDURE

CIVILE ,

PRÉCÉDÉE D'UNE INTRODUCTION ;

Par M. Boucenne,

AVOCAT A LA COUR ROYALE,

ET DOYEN DE LA FACULTÉ DE DROIT DE POITIERS.

Tome Troisième.

PREMIÈRE PARTIE.

Poitiers,

Chez SAURIN frères, imprimeurs-libraires.

PARIS,

ALEX-GOBELET , rue Soufflot, n⁰ 4.

VIDECOQ, place du Panthéon , n⁰ 6.

Vᵉ CHARLES BÉCHET, quai des Augustins, n⁰ 59.

1834.

THÉORIE

DE LA

PROCÉDURE CIVILE.

CHAPITRE IX.

DES JUGEMENS PAR DÉFAUT ET OPPOSITIONS.

LᴏʀsQᴜᴇ l'ajournement a été signifié avec toutes ses formes et toutes ses garanties, si la personne ajournée ne comparaît pas, c'est-à-dire ne constitue pas un avoué, ou si comparaissant elle ne propose aucun moyen contre la demande, *nihil dicit*, suivant l'expression des lois anglaises, le juge prononce *par défaut*.

Le demandeur lui-même manque-t-il à son assignation? on présume qu'il n'ose plus soutenir une action trop légèrement introduite; c'est une sorte de désistement tacite.

ART.

III.   1

ART.

L'autre partie obtient son *congé* de Cour, et le remboursement des frais qu'elle a dû faire pour venir se présenter.

Voilà un aspect général des jugemens par défaut.

Ce n'est pas qu'une absence réelle, un véritable éloignement du lieu où siége le tribunal, doivent nécessairement et réellement exister, pour qu'il y ait *défaut;* il suffit du refus de comparaître en jugement : *abesse videtur qui in jure non est* (1). *Non defendere videtur, non tantùm qui latitat, sed et is qui* PRÆSENS *negat se defendere; aut non vult suspicere actionem* (2). A Rome, les défaillans se retiraient quelquefois derrière les colonnes et les statues du Forum (3). Chez nous on

(1) *L.* 4 , § 5 , *ff. de damno infecto.*

(2) *L.* 52 , *ff. de regulis juris.*

(3) *Is quoque qui in foro circà columnas aut statuas se occultat, videtur latitare. L.* 7 , § 13 , *ff. quibus ex causis, etc.* Le texte dit *stationes,* mais Cujas veut qu'on lise *statuas.* Wissembach rejette cette correction, et il ajoute : *Statio, ibi est locus in quem certis temporibus certum genus hominum contrahitur.* Pline dit dans une de ses lettres, liv. 1ᵉʳ. *Plerique in stationibus sedent, tempusque audiendis fabulis conterunt.* Voyez aussi Va-

peut, à son gré, ne paraître pas, ou se montrer à découvert, et s'entendre juger par défaut.

Toutefois, en bonne justice, ces jugemens n'ont jamais été irrévocablement portés. On sent au fond de cet argument que la loi tire de l'absence ou du silence de l'une des parties, quelque chose de douteux qui admet une infinité de suppositions, et qui ne se peut prêter à l'absolu d'une sentence définitive, jusqu'à ce que de nouveaux délais et la vaine attente d'une opposition viennent donner aux premières présomptions le caractère de la certitude.

Cette théorie des jugemens par défaut, avec ses rigueurs provisoires, ses voies de recours et ses cas indéterminés de rétractation; la nécessité de fixer un terme aux fuites et aux détours de la mauvaise foi; la répression des abus qui filtrent à travers cette variété d'accidens; toutes ces choses à prévoir et à combiner, devaient faire surgir une foule de difficultés que les législateurs anciens et mo-

lère-Maxime, *lib.* 2, *cap.* 1, Juvénal, *sat.* 11, et Aulu-Gelle, *Noct. attic.* 13.

ART.

dernes ont essayé de résoudre avec plus ou moins de bonheur.

Croyez que ce serait encore un insurmontable écueil pour la vanité de ce radicalisme, qui se reprend à rêver aujourd'hui la destruction de nos Codes, et qui n'a rien à mettre à leur place, si ce n'est la simple équité de la loi de nature, que chacun expliquerait et appliquerait à sa manière : *sentimus autem non deesse nasutulos, sciolos, qui ingenii ambitione excitati, doctrinâ verò cassi, æquum quid esset judicent, quod maximè est iniquum* (1). Il serait curieux de voir les naïves règles de l'âge d'or aux prises avec les vieilles ruses d'un siècle tant expérimenté, et avec cet art de corruption et de fraude qui a forcé la justice à devenir elle-même un art.

Chez les Romains, quand le demandeur se présentait seul, le juge décernait contre l'autre partie une première injonction de comparaître dans un délai de dix jours, au moins; *primum edictum* (2). Cette injonction, notifiée au défail-

(1) Wissembach, *Disput. ad leg.* 90, *ff. de reg. jur.*
(2) L. 68, *ff. de judiciis et ubi quisque*, etc.

lant, était suivie de deux autres, à des inter-
valles qui ne pouvaient être moindres que
celui du premier édit (1). Si toutes restaient
sans effet, on en venait à l'édit péremptoire,
edictum peremptorium, lequel annonçait qu'a-
près une citation nouvelle, la cause serait
définitivement jugée, soit qu'il y eût, ou qu'il
n'y eût pas de comparution : *etiam absente
diversâ parte* (2). Au jour fixé la sentence
était prononcée, et le condamné par défaut
ne pouvait en appeler (3).

La loi permettait au juge, suivant la nature
et les circonstances du procès, de réduire le
nombre des édits, et même de se borner à
l'édit péremptoire, ce qui s'appelait *unum
pro omnibus* (4).

Après la sévérité de ces dispositions, venait la faveur des exceptions.

Ceux qui étaient absens pour les affaires de
la république, ou pour se défendre ailleurs
dans une cause plus importante; les malades,
les mineurs, les pupilles qui n'avaient pas de

(1) *L.* 69 *et* 70, *eodem.*
(2) *L.* 71 *et* 73, *eodem.*
(3) *L.* 73, *eodem.*
(4) *L.* 72, *eodem.*

Art. défenseur, ne pouvaient être taxés de contumace, et soumis à la rigueur de l'édit péremptoire (1).

Remarquez aussi que le juge, en prononçant *par défaut*, ne devait pas moins donner
gain de cause au défaillant, lorsque le droit
de celui-ci était évident : *interdum velab-
sens, si bonam causam habuit, vincet* (2).

J'ai dit au chapitre II de mon second volume, en parlant de la *mannition* ou ajournement selon les lois franques, comment on
punissait le défaut de comparution *dedans les
nuicts;* car les Francs ne comptaient pas leurs
délais par jours, mais par nuits (3). Le défendeur devait recevoir, à diverses reprises, quatre sommations de se présenter; il encourait
une amende de quinze sols, au profit du demandeur, pour chaque défaut sur les trois
premières sommations, ce qui ne le dégageait
aucunement de sa dette (4) ; et s'il manquait

(1) *L.* 53 *et* 54, *ff. de re judicatâ.*
(2) *L.* 73, *ff. de judic. et ubi,* etc.
(3) Tom. 2, p. 78.
(4) Voyez pour la valeur de cette amende de quinze
sols, en la comparant à notre monnaie, mon premier
volume, Introduct., pag. 402.

d'obéir à la quatrième , ses biens étaient sé- ART.
questrés ; puis, au bout de l'an , ils étaient
confisqués , et le prince en disposait suivant
son bon plaisir (1).

A l'époque où le Parlement fut rendu sé-
dentaire , il fit un règlement sur *les défauts et
contumaces*. On n'y retrouve plus ni l'amende,
ni le séquestre, ni la confiscation. Les mœurs
judiciaires commençaient à s'adoucir.

« Si vous veux monstrer , disait Bouteiller,
par quants défauts on peut attaindre sa querelle. Sachez que suivant le stille de Parlement, en action civile , si le défendeur fault
au premier jour qui lui est assigné , la partie
demanderesse obtient défaut , et commission
à l'autre Parlement après s'ensuivant (2) ,
pour voir juger le profit d'iceluy défaut(3), et
procéder en sa querelle, comme de raison sera.

(1) T. 2 , p. 75 et suivantes.

(2) Voyez pour les tenues des parlemens, mon Introduct. , t. 1er, pag. 111 et suiv.

(3) Il y a deux points à distinguer dans le jugement
des *défauts*.

D'abord on donne défaut ; c'est constater la non-
comparution : puis on adjuge *le profit* du défaut ; c'est
faire droit sur la demande, c'est déclarer l'effet du défaut.

Art. Et si a celui second jour, qui sera au second Parlement, encores le défendeur dé-
fault, le demandeur aura tant attaint sur luy
qu'il sera descheu de toutes deffences. Et de
rechef, dedans iceluy second jour, sera le
défaillant réadjourné à voir juger le profit des
deux défauts. Et au tiers adjournement, le
demandeur attaindra sa demande, sur la
vérification qui faicte en sera par la Cour.
Et supposé que le défaillant n'y vînt, la
Cour ne laisseroit pour ce à faire droict sur
les défauts des susdicts (1). »

C'était à peu près le système du droit
romain.

Les défauts se prenaient au greffe des tribunaux, c'est-à-dire qu'on allait y requérir
acte de la non-comparution de la partie qui
ne se présentait pas. Ces actes du greffe
étaient expédiés, grossoyés et signifiés, à mesure qu'ils se succédaient. Or la pratique
s'empara des scrupules de la loi, pour exploi-
ter plus abondamment, pour multiplier les
défauts et pour réitérer trois ou quatre fois
les réajournemens, avant d'arriver à l'issue
du litige.

(1) *Somme rural*, titre 5.

L'ordonnance de Villers-Cotterets, donnée en 1539 par François Ier, vint réduire à deux les *défauts* et les nouvelles assignations qui devaient précéder la sentence (1). Mais il était trop difficile de faire céder à petits coups une tradition rivée dans la rouille du temps. Cette réforme n'était pas assez tranchante ; elle ressemblait à une transaction, et l'on n'en tint aucun compte.

L'ordonnance de 1667 fit mieux.

Elle ajouta au délai de l'ajournement un autre délai, pendant lequel le procureur du défendeur devait se présenter au greffe, et se constituer. Après l'expiration du temps donné, quand il n'y avait pas eu de *présentation*, le demandeur prenait acte du défaut, puis il allait à l'audience se faire adjuger ses conclusions, sauf vérification, et sans autres procédures, sommations, ni réajournemens.

(1) « En toutes matières civiles et criminelles, où l'on avait accoutumé user de quatre défauts, suffira d'y en avoir deux, bien et deuëment obtenus par ajournement fait à personne ou à domicile, sauf que les juges *ex officio* en pourront donner un troisième, si lesdits ajournemens n'ont été faits à personne, et s'ils voyent que la matière y fust disposée. » Art. 24.

ART. C'était le défaut *faute de comparoir* (1).

Le défendeur avait-il comparu? il devait fournir ses défenses dans un délai égal à celui qu'il avait eu pour se présenter; et, s'il ne les fournissait pas, le demandeur n'avait autre chose à faire que d'obtenir jugement. C'était le défaut *faute de défendre* (2).

Cette distinction subsiste toujours. Mais nous ne connaissons plus l'insignifiante formalité des présentations, et la levée préalable des défauts au greffe. Le système du Code est plus simple et plus positif (3). Le fisc seul y a perdu.

149 « Si le défendeur ne constitue pas avoué, ou si l'avoué constitué ne se présente pas au jour indiqué pour l'audience, il sera donné défaut. »

150 « Le défaut sera prononcé à l'audience sur l'appel de la cause, et les conclusions de la partie qui le requiert seront adjugées, *si elles*

(1) Ordonnance de 1667, tit. 3, art. 5, et tit. 11, art. 3.

(2) *Ibid.*, tit. 5, art. 1, 3 et 4; tit. 11, art. 2, 4 et 5.

(3) Voyez le chap. 3 du tom. 2, pag. 259 et suivantes.

se trouvent justes et bien vérifiées : pourront Art.
néanmoins les juges faire mettre les pièces
sur le bureau ; pour prononcer le jugement
à l'audience suivante. »

Tel est le défaut proprement dit, le défaut
contre le défendeur.

Les articles que je viens de rapporter ne
permettent pas de condamner sans examen
les gens que l'on ne voit ni comparaître, ni
se défendre. Il en résulte évidemment que
le ministère public doit être entendu, lorsque la nature de la cause exige qu'elle lui
soit communiquée.

Cependant, à Genève, en revisant le Code
de procédure, on a supprimé la disposition
qui prescrit aux juges de n'adjuger par défaut les conclusions du demandeur, qu'autant qu'elles se trouvent justes et bien vérifiées.
Je crois que c'est à tort.

L'expérience aurait prouvé, suivant le rapport
de M. Bellot, que cette vérification est inexécutable. C'est *inexécutée* qu'il fallait dire;
mais *inexécutable*, on ne le conçoit pas.

D'un autre côté, ajoute-t-il, deux présomptions s'élèvent en faveur des conclusions:
la première tirée de ce que la non-comparu-

Art. tion et le silence du défendeur annoncent assez que le droit est contre lui, et qu'il n'a rien à répondre; la seconde, de ce que, en thèse générale, la probabilité est plus pour le demandeur que pour le défendeur (1).

Il y a dans ce système quelque chose de trop brusque et de trop impatient. Pourquoi la témérité de l'attaque serait-elle moins présumable que l'impossibilité de la défense? Si le tribunal devant lequel je suis assigné est incompétent à raison de la matière, ne doit-il pas d'office se dessaisir du procès? Les règles des juridictions dépendent-elles de mon silence ou de mon défaut de comparution? Si je suis traduit en jugement pour une dette de jeu, ou pour le paiement d'un pari, la loi ne repousse-t-elle pas l'action, sans que je sois obligé de venir à l'audience citer l'article 1965 du Code civil? et le juge doit-il me punir de cette honorable confiance dans ses lumières, qui seule, peut-être, m'a fait croire à l'inutilité de ma comparution? Comment voulez-vous donc que les magistrats veillent au maintien de l'ordre et

(1) Exposé des motifs de la loi sur la procédure civile, pour le canton de Genève, pag. 99.

des bonnes mœurs, si vous n'exigez pas que les causes de la demande soient mises à découvert, et que les conclusions soient exactement vérifiées ?

Le défaut emporte contestation, disaient nos anciens : *Nam qui tacet non utique fatetur* (1)... *Qui tacet habetur pro invito et contradicente* (2). Or toute contestation en justice emporte jugement, et tout jugement emporte vérification.

« Auparavant que donner aucunes sentences contre les défaillans, contumax et non comparans, le demandeur sera tenu de faire apparoir du contenu en sa demande (3). »

L'absence du défendeur ne peut jamais être un motif suffisant pour le condamner, parce que seule elle ne peut donner à son adversaire un droit qu'il n'avait point. Si ce principe ne se trouvait pas déjà sur les tables de nos lois, il faudrait l'y graver. En l'effaçant dans le Code de Genève, on a mis à sa place le vieux brocard qui donne toujours tort aux absens. Cela peut convenir aux intri-

---

(1) *L.* 142, *ff. de reg. juris.*
(2) Wissembach, *ad regulas juris*, p. 157.
(3) Ordonnance de 1539, art. 27.

ART. gues du monde, mais la justice des magistrats découle d'une autre source : *Litigatoris*
absentia Dei præsentiâ repleatur (1).

Quand c'est le demandeur qui ne se présente pas pour soutenir son action, le défaut n'a plus le même caractère ; il ressemble
à un désistement : *suspicari licet eum probè*
minus litem aspicatum, ac de victoriæ spe
jam dejectum esse (2). Vous retrouvez là
l'*eremodicium* des Romains, et le NON SUIT
de nos voisins d'outre-mer, qui ont pris
dans toutes les langues les termes de leurs
formules judiciaires. Alors le défendeur n'a
point besoin de se défendre; les juges le congé-
dient, puisque celui qui l'avait provoqué ne
se montre pas dans la lice.

« Le défendeur qui aura constitué avoué
pourra, sans avoir fourni de défenses, suivre
l'audience par un seul acte, et prendre dé-
54 faut contre le demandeur qui ne comparaî-
trait pas. »

Tel est le défaut-congé, ou le défaut contre
le demandeur.

---

(1) *L.* 13, § 4, *Cod. de judiciis.*
(2) Imbert, *Instit. forens. lib.* 1, *cap.* 13.

Ici la loi ne prescrit aucun examen aux ~~Art.~~
juges. Cette différence s'explique assez d'elle-
même ; elle naît de la nature des choses et
d'une sorte d'intervertissement dans la position des parties (1).

Toutefois on pourrait être entraîné à croire
que les conclusions doivent être vérifiées,
dans le cas où le défaut est requis par le défendeur, comme dans celui où il est accordé
au demandeur, si l'on s'en rapportait à l'Exposé que fit M. Faure, en présentant au Corps
législatif le vœu du Tribunat sur les deux
premiers livres du Code. Il s'exprima ainsi:
«Le défendeur a la faculté de suivre l'audience
par un seul acte aussitôt qu'il a constitué un
avoué ; il peut se dispenser de fournir des
défenses ; car il est possible qu'il les re-
garde comme superflues, *et qu'il lui paraisse
suffisant d'attendre la vérification que fera le
tribunal.* Il est d'autant plus juste de donner
cette faculté au défendeur, qu'il ne doit jamais dépendre de celui qui a fait donner l'assignation, d'éloigner, suivant son intérêt ou
son caprice, le jugement de l'affaire. »

(1) Voyez les Questions de Droit de M. Merlin,
v° *défaut*, § 1er *bis*, et les arrêts qu'il cite. Voyez aussi
l'art. 434 du Code de procéd.

ART.   La confusion est évidente. C'est une de ces
fautes qui se glissent inaperçues dans la rédaction d'un travail de longue haleine, et qui ne
tirent pas à conséquence. Le Tribunat n'avait
rien énoncé de semblable dans sa discussion
sur l'article 154, de laquelle le rapport de
M. Faure dut être un résumé fidèle(1). Le plus
simple retour d'attention suffit pour qu'on se
dise qu'il est impossible de *vérifier* une demande, alors que celui qui l'avait formée
ne paraît pas, et n'offre à l'examen des juges
ni pièces, ni preuves, ni moyens.

Mais une question plus sérieuse vient se
rattacher à ces explications.

J'ai dit que le défaut du demandeur pouvait être considéré comme une sorte de désistement de l'instance.

L'office des juges se doit donc réduire, en
ce cas, à donner acte du désistement que
le défendeur est censé accepter, en requérant
le défaut.

Suivez la trace de l'analogie, et vous arri-
verez à cette conséquence, que tout le profit

(1) Voyez la *Législation civile* etc., de M. Locré,
tome 31, page 428.

du défaut consiste à replacer les parties dans l'état où elles étaient avant la demande, c'est-à-dire que ce sera comme s'il n'y eût pas eu d'ajournement.

Autre conséquence : le jugement qui constate uniquement que le demandeur n'a pas comparu, n'est point, à vrai dire, un jugement de condamnation, c'est une simple déclaration donnée sur un fait patent, et sans que le fonds du droit subisse le plus léger examen. Il ne sera donc pas besoin de recourir contre ce jugement, soit par opposition, soit par appel, pour reproduire l'action (1). Ce serait un contre-sens, car celui qui ne s'est pas présenté, afin de soutenir sa demande, ne peut pas se plaindre de ce qu'on a déclaré qu'il ne se présentait pas. Sa position est tout autre que celle du défendeur qui a manqué de répondre à l'assignation. Celui-là doit être condamné toutes les fois que les conclusions prises contre lui sont trouvées justes, parce qu'il serait trop facile de se mettre à l'abri d'une condamnation, s'il ne fallait, pour se procurer cette précieuse im-

---

(1) Sauf la prescription qui peut s'accomplir dans cet entre-temps.

Art. munité, que se dispenser de comparaître.

C'est bien ainsi que l'entendaient nos maîtres.

On sait déjà qu'à Rome il fallait, pour constituer le défendeur en défaut, l'ajourner préalablement deux ou trois fois, en vertu de l'édit péremptoire décerné par le préteur (1), et que, nonobstant son absence, il ne devait pas moins gagner sa cause, si elle était bonne : *Sive responderit, sive non responderit, agetur causa et pronuntiabitur; non utique secundùm præsentem, sed interdùm vel absens*, SI BONAM CAUSAM HABUIT, VINCET (2).

L'hypothèse contraire était prévue. C'était le demandeur qui avait fait défaut au jour de l'audience : alors le juge ne devait point s'occuper du mérite de la cause et décider en faveur de l'autre partie, pour la récompenser d'être venue; il se bornait à rayer l'édit péremptoire : *Quod si is qui edictum peremptorium impetravit, absit die cognitionis, is verò adversùs quem impetratum est adsit, tunc circumducendum erit edictum peremptorium;*

(1) Voyez ci-dessus page 5.
(2) *L.* 73, *ff. de judiciis*, etc.

NEQUE CAUSA COGNOSCETUR , NEC SECUNDUM PRÆ-
SENTEM PRONUNTIABITUR (1).

A la renaissance des études du droit,
quand se rouvrirent les sources de la science,
ceux qui nous donnèrent des traités sur le
fait de la justice n'adoptèrent point d'autres
idées sur la nature et les effets du défaut encouru par le demandeur.

Bouteiller, en sa *Somme Rural*, que Cujas
appelait *optimus liber*, fit un Titre sur les
défauts et contumaces. Venant au défaut pris
par l'ajourné : « Si le demandeur fault,
disait-il, le défendeur aura congé de cour,
et c'est le profit du défaut en tel cas, puisque
litiscontestée ne seroit la demande, *et pourroit le demandeur réintenter une autre fois sa
demande, par nouvel adjournement.* Mais après
litiscontestation, non ; car il seroit descheu
de sa demande, et n'y pourroit plus retourner (2). »

(1) *Ead. leg.*, § 1.

(2) C'est qu'alors il y aurait eu plaidoiries et jugement contradictoires. *Lis contestata videtur, cùm judex
per narrationem negotii causam audire cœpit. L. unic.
Cod. De lite contest.*

Voyez la Pratique de Lange, 1re part., liv. 4, chap.
27, et Rodier, sur les art. 1 et 13 du tit. 14 de l'ord.
de 1667.

Un peu plus tard, Imbert (1) et Despeis-
ses (2) professaient la même doctrine. On en
avait fait des axiomes : *Actor cadit ab instan-
tiâ , non tamen à causâ.... ex integro licet
actori postea actionem movere.*

Mais M. Merlin , qui s'est aussi occupé de
cette question , ne veut pas que , pour la
résoudre , on remonte plus haut que l'ordonnance de 1667. Il y voit une dérogation
formelle à tout ce que l'on avait pu penser
et écrire jusque-là , et voici comme il raisonne : « En disant , titre 14 , article 4 , que
pour le profit du congé ou défaut obtenu
contre le demandeur , le défendeur serait
renvoyé absous , l'ordonnance n'a-t-elle pas
décidé que le demandeur ne pourrait plus
reproduire sa demande en justice , tant qu'il
n'aurait pas fait réformer par les voies de
droit le jugement qui , d'après le défaut prononcé contre lui, avait *absous* le défendeur ? »

Cette induction suppose que les mots : *le
défendeur sera renvoyé absous* , équivalaient

---

(1) *Instit. forens.* , *lib.* 1 , *cap.* 13.
(2) Traité de l'ordre judiciaire, tit. 2 *des Défauts*,
n° 13.

à ceux-ci : *le demandeur sera déclaré mal* Art. *fondé dans sa demande.* C'est ce qu'a dit Rodier (1), et M. Merlin, qui le cite, adopte son interprétation.

J'incline à penser que Rodier s'est trompé.

Le style de l'ordonnance de 1667 était beaucoup plus vieux qu'elle. On crut devoir y conserver les termes des anciens édits, et les formules surannées transmises par la pratique. Dans les siècles reculés on était plus près de la racine des mots. *Absous*, du latin *solutus ab*, s'employait en matière civile, comme en matière criminelle ; mais on y ajoutait l'indication relative d'un régime, afin d'en déterminer le sens. On disait *absous* d'un ajournement, d'une demande (2), et *absous* d'une accusation, d'un crime.

J'expose de suite mes preuves, et je les prends dans leur application spéciale à l'objet de cette discussion.

Le *Parfait Praticien* de Tagereau, qui parut dans les premières années du seizième siècle, proposait cette question : « Quel profit

(1) Sur les art. 1 et 2 du tit. 5 de l'Ord. de 1667.

(2) *Absolvere, id est dare licentiam, facultatem discedendi.* Ducange.

ART. emporte le défaut-congé ? et il répondait :
« Envoyé *absous* de l'instance et de l'assignation (1). »

Voet a dit : *Quod si actor, statuto tempore,
sui copiam non faciat, reus petit se* AB INSTAN-
TIA ABSOLVI.

Certes, ce ne fut point avec une autre acception que l'usage fit passer le mot *absous*
dans l'article 4 du titre 14 de l'ordonnance
de 1667.

Il y a plus : la première rédaction de
cet article portait, qu'en cas de défaut
du demandeur, le défendeur serait renvoyé sur-le-champ *absous des conclusions
contre lui prises.* Cette nouvelle disposition
était remarquable, mais elle fut retranchée
du projet ; *absous* resta seul avec sa sous-entente primitive.

Vous voyez donc qu'avant 1667, le profit du
congé renvoyait simplement le défendeur absous de l'assignation, ou de l'instance, et
que, pour faire dire autre chose à l'ordon-

---

(1) *Le Parfait Patricien* de Tagereau, par demandes
et par réponses, a été réimprimé en 1663 par Desmai-
sons, avec des notes et observations.

nance, il a fallu y ajouter ce qui avait été rayé par ceux qui la rédigèrent.

ART

Comment cette autre chose a-t-elle pu s'accréditer ? C'est qu'on n'a pas mis dans l'étude de la procédure assez de recherche et d'examen. On a dédaigné d'en faire une science.

Toutefois Bornier, l'un des commentateurs de l'ordonnance, maintenait que la différence était grande entre les effets du profit du défaut contre le demandeur , et ceux du profit du défaut contre le défendeur : « car le défendeur qui a obtenu congé , n'est pas pour cela *absous* de l'action , mais seulement congédié de l'instance ; *ab observatione judicii* (1). »

Rodier convenait aussi qu'au Parlement de Toulouse , le défaut-congé n'emportait que le *relaxe* de l'assignation.

Le Code de procédure nous a été donné. L'article 154, que j'ai déjà rapporté, dispose que si le demandeur ne comparaît pas, le défendeur n'a point à s'expliquer sur l'action , et qu'il n'a qu'à *prendre défaut*. Point d'autre avantage n'est attaché à ce défaut,

_____

(1) Confér. des Ord., t. 1 , p. 38 et 39.

ART. que la liberté de s'en aller ; l'ajournement est comme non avenu.

Il semble que cette tradition, qui avait tourmenté contre nature le sens de l'ordonnance, ne pouvait plus trouver d'échos ; il semble que l'on devait généralement reconnaître que le demandeur défaillant n'avait besoin que d'un nouvel ajournement pour relever son action, et que ce n'était pas la peine de former opposition à un simple jugement de congé.

Mais les doutes se sont ranimés à l'aide de l'article 434, qui se trouve au Titre de la procédure devant les tribunaux de commerce. On y lit : « Si le demandeur ne se présente pas, le tribunal donnera défaut, et renverra le défendeur *de la demande.* »

Cela veut-il dire que le tribunal déclarera la demande mal fondée, sans vérification aucune? Alors ce ne serait qu'une exception en faveur du commerce, exception qui pourrait être justifiée par le danger qu'il y aurait souvent à laisser trop long-temps incertaine la décision de la cause.

S'il en est ainsi, l'exception confirmerait la règle.

Ou bien n'est-ce, en d'autres termes, que

la répétition de l'article 154? Renvoyer de la ᴀʀᴛ.
demande, n'est-ce pas comme si l'on avait
dit : *renvoyer de l'exploit de demande*, ou
congédier le défendeur?

Les procès-verbaux du conseil d'état, les
discours des orateurs du gouvernement et du
Tribunat sont muets sur ce point. L'art. 434
n'a pas eu les honneurs de la plus petite discussion; j'en conclus qu'il n'a été qu'une
innocente redite, car s'il eût été destiné à
expliquer, réformer, ou modifier un texte
antérieur, assurément on n'aurait pas manqué d'en faire quelque mention.

Je puis invoquer à l'appui de mon opinion
un arrêt de la Cour de Turin (1), un autre de
la Cour de Bruxelles (2), un troisième de la
Cour de Besançon (3), et un quatrième de la
Cour de Paris (4).

Mais la Cour de cassation a jugé autrement (5). Elle a dit que c'était par application
du principe *actore non probante reus absolvitur*,
que l'article 154 du Code de procédure donnait
gain de cause au défendeur qui comparaissait,

(1) 23 août 1809.
(2) 26 avril 1810.
(3) 4 décembre 1816.
(4) 30 décembre 1816.
(5) 29 décembre 1825.

Art. contre le demandeur qui ne comparaissait pas, sans qu'il fût besoin d'examen et de vérification.

Je suis pénétré du respect que commande cette grave autorité : on doit avoir de soi-même une grande défiance, quand on se hasarde dans une direction contraire. Toutefois je demande la permission d'observer que le principe *actore non probante* semble comporter la nécessité d'une vérification ; que ce principe a été extrait de la loi 4, *Cod. de Edendo*, qui n'a pas le moindre rapport avec les jugemens de défaut; que cette loi suppose au contraire une litiscontestation; que seulement elle concerne et l'obligation imposée au demandeur d'avoir en main ses preuves toutes prêtes, et la faveur accordée au défendeur de ne pouvoir être forcé de produire les siennes d'avance : *Qui accusare volunt probationes habere debent, cùm neque juris neque æquitatis ratio permittat ut alienorum instrumentorum inspiciendorum potestas fieri debeat. Actore enim non probante, qui convenitur, etsi nihil ipse præstet, obtinebit.*

Et si le demandeur qui ne se présente pas, a fait signifier copie de ses titres en tête de son ajournement, comment appliquera-t-on le principe *actore non probante?*

C'est assez pour démontrer que le *défaut-* ᴬᴿᵀ. *congé* ne se fonde pas sur ce principe, mais sur la présomption que la demande a été abandonnée.

M. Merlin résumant sa doctrine, dit que lors même que le juge aurait fait plus que la loi ne permet, en prononçant par *défaut-congé* la condamnation du demandeur sur le fonds du procès, il y aura toujours un jugement qui, tout illégal qu'on le suppose, n'en produira pas moins son effet, jusqu'à ce qu'il ait été attaqué et réformé.

Cela est indubitable. Tout jugement revêtu de ses formes extérieures, fût-il un assemblage de la plus monstrueuse injustice, de la plus flagrante violation de la loi, et du plus audacieux excès de pouvoir, devra subsister et sera exécutoire, tant qu'il n'aura pas été attaqué et réformé. Mais telle n'est pas notre question. Il s'agit de savoir si le jugement de *défaut-congé* rendu dans les termes de l'article 154 du Code, affecte le fonds de la cause, et s'il faut qu'il soit entrepris par une opposition, pour que la demande puisse être reproduite.

Il est temps que je me résume à mon tour.

Je comprends très-bien, quand le demandeur ne vient pas pour soutenir sa provoca-
tion, que les juges disent à l'autre partie qui
se présente : Allez ; nous vous donnons congé.
Car ils ne peuvent pas se faire les champions
du poursuivant, et le suppléer dans son absence. Mais je ne conçois point, en ce cas,
la légalité d'un jugement qui donne gain de
cause au défendeur, sans que le tribunal
se mette en peine de savoir ce que c'est que la
cause.

Rodier lui-même, sur qui M. Merlin s'appuie aujourd'hui, a fait la critique de son propre système, en se laissant déborder par ses
conséquences. Si le défendeur, quoique défaillant, a-t-il dit, doit gagner son procès, lorsque la demande intentée contre lui
n'est pas trouvée juste, pourquoi ne vérifie-
rait-on pas également les conclusions du demandeur qui fait défaut, et pourquoi ne les
adjugerait-on pas, s'il apparaît qu'elles sont
fondées ?

Or, ni la Cour de cassation, ni M. Merlin,
ne veulent admettre, et c'est à bon droit,
qu'il soit permis de vérifier les conclusions
du demandeur qui ne se présente pas,
et qu'on puisse lui faire gagner son procès.

La même raison ne doit pas permettre qu'on Art.
puisse le lui faire perdre. Encore une fois,
il n'y a là qu'un défaut à constater, et un
congé à donner.

Je n'ai plus à m'occuper, dans le reste
de ce chapitre, que des *défauts* encourus par
le défendeur.

Je parlerai d'abord du défaut *faute de comparution*, c'est-à-dire, faute de constitution
d'avoué ; puis je viendrai au défaut *faute de
défendre*, c'est-à-dire, faute de conclure et de
plaider.

Le défendeur ne comparaissant pas, les conclusions du demandeur sont adjugées, pourvu qu'elles soient vérifiées et trouvées justes ;
on connaît cela. Mais il s'agit de savoir si
les juges auraient la faculté, en se fondant sur la
nature compliquée de la demande, et afin de
vérifier mieux, d'ordonner une enquête, une
instruction par écrit. Quant à l'enquête, on en
citerait un exemple (1) ; toutefois, je ne pense
pas qu'il doive être suivi. Des faits énoncés
dans un ajournement, et qui ne sont ni mé-
connus, ni déniés, ont en leur faveur une

(1) Arrêt de la Cour de Rennes, du 20 juillet 1816.

ART. assez forte présomption de vérité, pour que le tribunal se dispense de faire appeler des témoins (1). En ce qui touche l'instruction par écrit, il n'a jamais été permis de pousser jusqu'à ce point la sollicitude d'une vérification par défaut. La déclaration du 12 août 1669 défendait aux juges d'appointer les parties *pour les profits des défauts,* et d'y prendre aucunes épices. Le Code de procédure veut que le défaut soit donné *à l'audience*, sur l'appel de la cause. Néanmoins, il ajoute que les juges pourront faire mettre les pièces sur le bureau, pour prononcer le jugement à l'audience suivante. Cette disposition est évidemment incompatible avec l'idée d'une instruction plus ample qu'un simple délibéré (2).

Le nombre des personnes assignées, la

(1) Excepté lorsqu'il s'agit de séparation entre époux, d'interdiction, et autres matières qui tiennent à l'ordre public, dans lesquelles le silence et même les aveux des parties ne peuvent tenir lieu de la preuve des faits allégués.

(2) Voyez, pour les anciens appointemens, pour les *délibérés* et pour l'instruction par écrit, tome 2, chap. 6.

présence des unes, et l'absence des autres, Art,
ont souvent fait naître des difficultés de position, que la loi nouvelle a dû comprendre
dans ses prévisions.

Il peut se faire que plusieurs défendeurs
soient ajournés pour le même objet, et que
l'époque à laquelle chacun devra comparaître soit plus ou moins reculée, à raison de la
distance inégale de leur domicile, ou parce
que toutes les assignations n'ont pas été si-
gnifiées dans le même temps. Le demandeur
aura-t-il la faculté de requérir successivement
défaut contre ceux qui ne se rendront pas, à
mesure que les délais qui leur avaient été dé-
partis viendront à échoir ? Non ; *aucun défaut*
ne pourra être pris avant que, par l'expiration du plus long délai, les plus éloignés
se trouvent constitués en demeure de se
présenter.

Supposez maintenant qu'à l'échéance de ce
plus long délai, toutes les parties assignées
soient défaillantes. Tous les défauts seront
vidés par le même jugement; l'avoué qui
prendrait des condamnations séparées, sup-
porterait seul, et sans répétition, les frais
de son luxe de procédure.

L'ancienne jurisprudence avait emprunté

Art. au règlement de 1738 (1) ces deux dispositions qui nous régissent encore. Elles ont un but commun : celui d'économiser les frais, et d'empêcher que l'ensemble de la cause ne soit scindé : *Nulli prorsùs audientia præbeatur qui causæ continentiam dividit* (2). Du reste, il ne faut pas les confondre, comme on l'a fait jusqu'à présent, et croire que la perte des frais soit la seule peine attachée à l'infraction de l'une et de l'autre.

J'expliquerai cela tout à l'heure. Mais je dois, avant d'y venir, achever d'exposer le système de la loi, à l'aide d'une troisième hypothèse. La voici :

Le terme de l'ajournement est arrivé pour tous les défendeurs. Il en est qui comparaissent; il en est qui ne comparaissent pas.

Autrefois le jugement qui intervenait, en ce cas, était par défaut contre les défaillans, et contradictoire avec les présens, ce qui faisait pour le même procès deux décisions distinctes, dont l'une était irrévocable, si le taux de l'affaire n'excédait pas les limites du dernier ressort, et l'autre pouvait être rétrac-

---

(1) Pour l'instruction des affaires au conseil du roi.
(2) *L.* 10, *Cod. de judiciis.*

tée par les juges qui l'avaient rendue, et parcourir après, s'il y avait lieu, tous les degrés de juridiction. L'unité de la cause était rompue, les frais se multipliaient énormément, et de ces nouvelles fractions de débats qui se succédaient à part, on voyait sortir une affligeante contrariété de jugemens ou d'arrêts.

Les rédacteurs du Code ont trouvé le moyen de corriger ces abus ; c'est une de leurs plus heureuses innovations.

Dans l'hypothèse donnée, le tribunal commence par décerner acte du *défaut* des parties qui n'ont pas constitué d'avoué, mais il ne prononce rien encore sur le mérite de la demande. Il joint simplement *le profit du défaut* au reste de la cause, et la décision du tout est suspendue jusqu'à une autre audience dont le jour est fixé.

153.

Durant cette suspension, le demandeur fait signifier aux défaillans le jugement de jonction, ou de *défaut joint*, comme on dit au palais, avec réassignation au jour où l'affaire doit être appelée de nouveau. Pour plus grande sûreté, c'est un huissier commis par le tribunal qui porte cette signification.

153.

Si la réassignation ramène à l'audience

Art.   ceux qui d'abord avaient fait défaut, l'instruction du procès prend son cours naturel.
Ne viennent-ils pas? on procède comme s'ils
y étaient, car assez de précautions ont été
prises pour qu'ils aient dû venir. Un seul
jugement est rendu qui comprend toute la
cause, qui règle toutes les parties, tant absen-
tes que présentes, et qui produit tous les
effets d'un jugement contradictoire.

153.   On a demandé d'abord si cette obligation
de joindre le défaut à la cause, et de réassigner, était prescrite à peine de nullité. La
Cour de Rennes a décidé la négative (1), attendu
que l'article 1030 du Code défend de déclarer
nul aucun exploit ou acte de procédure,
lorsque la nullité n'est pas formellement prononcée par la loi : comme si l'article 1030,
qui n'a été fait que pour les exploits et actes
de procédure dont l'exécution est confiée aux
officiers ministériels, pouvait s'appliquer jamais aux jugemens et aux devoirs des juges !
Puis il s'est agi de savoir s'il y avait lieu à
jonction en toutes matières, et la Cour
d'Amiens a dit qu'il ne fallait pas joindre en
matière sommaire (2).

(1) Arrêt du 30 août 1810.
(2) Journal des Avoués, t. 23, p. 7.

La Cour de cassation a fait justice de ces dangereuses erreurs. Elle a considéré « que l'article 153 du Code, conçu en termes absolus, sans distinction entre les affaires ordinaires et les causes sommaires, ou celles qui doivent être jugées sommairement, fixait les limites du pouvoir des juges, et *dictait* le jugement qu'ils étaient tenus de rendre, dans le cas où de deux ou plusieurs parties assignées les unes font défaut et les autres comparaissent; que l'*obligation qu'il leur imposait*, dans ce cas particulier qui n'avait pas été prévu par l'ordonnance de 1667, était générale et devait l'être, parce que les abus résultant de la négligence ou de la prévarication de quelques huissiers, le danger des fréquentes contrariétés de jugemens, les lenteurs, les frais multipliés occasionés par les oppositions successives des défaillans (abus et dangers signalés au corps législatif par les orateurs du gouvernement et du Tribunat), n'étaient pas moins préjudiciables aux parties et à l'administration de la justice, dans les matières sommaires, que dans les affaires ordinaires (1). »

(1) Arrêt du 15 janvier 1821. Journal des Avoués, tome 23, p. 8.

ART. Cette doctrine de la Cour suprême est celle des auteurs les plus recommandables (1). Ils n'ont point méconnu cette pensée d'ordre public qui présida à la conception de l'article 153; ils ne l'ont point rapetissée par d'étroites assimilations de pratique. M. Poncet a dit, avec grande raison, que lors même que les parties n'auraient point conclu à la jonction du défaut, le tribunal n'en serait pas moins tenu de la prononcer *d'office*. Procéder autrement ne serait point une simple irrégularité qui se peut couvrir, mais une nullité qui reste toujours irritante.

Ce point est hors de doute aujourd'hui; il va servir à l'explication que j'ai promise ci-dessus, page 32.

Lorsque plusieurs parties ont été citées pour le même objet, à différens délais, il ne doit 151. être pris défaut contre aucune d'elles, qu'après l'échéance du plus long délai. Je

(1) M. Carré, t. 1, p. 370; M. Poncet, *Traité des jugemens*, t. 1, p. 92; M. Favard, *Répertoire*, t. 3, p. 166; M. Dalloz, *Jurisp. génér.*, t. 9, p. 703. Voyez aussi un arrêt de la Cour de Rouen, *Recueil périod.* de M. Dalloz, t. 25—2—91.

suis forcé de revenir sur cette disposition,
afin de rechercher à quelle peine on s'expose
en y contrevenant.

Cette peine ne peut être autre, dit-on généralement, que celle de supporter les frais
des défauts trop hâtivement requis. La loi le
déclare en termes formels, pour le cas où tous
les défaillans n'ont pas été compris dans le
même jugement. Or, c'est afin qu'il n'y ait qu'un
seul jugement, que l'on doit attendre l'accom-
plissement du plus long délai; les deux
règles n'en font qu'une, leur infraction ne
doit donc pas entraîner des peines différentes.

Je suis peut-être dans l'erreur, mais il me
semble que cette interprétation fausse l'esprit
du Code.

Après l'expiration du plus long délai, sans
qu'aucun des défendeurs se soit présenté,
l'état de la cause est fixé; il ne peut y avoir
lieu ni à jonction, ni à réassignation; un
seul jugement doit être pris contre tous,
parce qu'on n'a pas voulu que l'avoué du
demandeur fît une spéculation de frais, en
prenant un défaut contre chaque défaillant.
S'il n'en tient compte, et s'avise de se faire
donner des jugemens séparés, les frais reste-
ront à sa charge. La loi n'avait là qu'une vue

Art. de pure économie; son but est atteint. Eten-
dre la peine jusqu'à la nullité des jugemens,
c'eût été une absurde rigueur ; car il fallait
que jugement il y eût, sauf qu'il n'en fallait
qu'un.

Mais si l'on se presse de requérir défaut
contre l'un des assignés pour qui le délai est
expiré, avant que le terme de comparution
soit échu pour un autre, la différence est
grande. Ne peut-il pas arriver que cet autre
se présente et constitue un avoué? Ne devra-
t-on pas, dans cet état de choses, joindre et
réassigner? Maintenant je prie qu'on me dise
ce qu'il y aura à joindre, et à quelle fin on
réassignera le défaillant, alors que déjà le
profit du défaut aura été adjugé contre lui.
Nous voilà donc retombés dans l'abus des
oppositions successives, dans l'indéfini de
la procédure, et dans la contrariété des
jugemens !

Il est reconnu que cette mesure de jonction et de réassignation tient à l'ordre public ;
qu'elle doit être ordonnée, même d'office, et
qu'à ne pas l'observer il y a nullité absolue.
La conséquence est facile à déduire : N'est-ce
pas encourir la peine de nullité que d'agir
dans un sens tout opposé à la loi, et de

façon à rendre inexécutable ce qu'elle a prescrit à peine de nullité ?

On m'objectera avec M. Pigeau (1) et avec
M. Carré (2), que cette obligation d'attendre
le plus long délai serait d'une souveraine injustice, dans le cas où les chefs de conclusions
se pourraient diviser entre les parties assignées, et où l'une d'elles constituée en demeure de comparaître par son délai particulier, tournerait à l'insolvabilité. Je répondrai
que rien n'empêchait le demandeur, pour
un objet essentiellement divisible, d'intenter
une action séparée contre chacun des défendeurs ; mais que, les ayant tous réunis dans
la même poursuite, la règle doit être inflexi-
blement appliquée ; parce que, je le répète
encore, il faut que le plus long délai soit expiré, pour que l'on sache s'il y a lieu, ou non,
à joindre le profit du défaut et à réassigner les
défaillans.

C'est le sort des innovations, même des
bonnes, de n'être pas toujours parfaitement
comprises, et de susciter autour d'elles
maints systèmes de restrictions et de subtiles
distinctions.

(1) Comment., t. 1, p. 344.
(2) Lois de la procéd., t. 1, p. 368.

Vous avez remarqué toutes les précautions du législateur pour mettre les droits sacrés de la défense hors de l'atteinte des accidens et des surprises.

Vous voyez comment il a su allier ces garanties avec les avantages que la justice doit se promettre d'une disposition qui épargne le temps et les frais, qui force, s'il est permis d'ainsi parler, tous les intérêts d'une cause à converger dans le même foyer, et à recevoir le même jugement, au lieu de s'éparpiller dans vingt cadres de procès, et dans autant de décisions contraires.

Vous savez que le premier ajournement a déjà mis en défaut celles des parties assignées qui ne comparaissent pas. Mais le tribunal ne décide rien encore ; la cause reste entière ; il se borne à joindre le défaut, et il confie à l'exactitude et à la fidélité d'un huissier qu'il désigne, la mission de réassigner les défaillans à un autre jour. Les *comparans*, ou les avoués qu'ils ont constitués, entendent la fixation de ce jour auquel ils doivent se présenter de nouveau ; et lorsqu'il est arrivé, la cause est appelée, discutée et jugée. Qu'il y ait encore, ou qu'il n'y ait plus de défaillans, le jugement est réputé contradictoire. La voie de l'opposition est fermée.

Non pas pour tous, répondent, en se ré-
criant, quelques auteurs, qui veulent que
l'on distingue (1) :

Ceux dont l'absence a nécessité le jugement
de jonction, disent-ils et qui, sur la réassignation, persistent à ne pas comparaître, ne seront
point admis à former opposition, parce que
la réassignation était une sorte de recours qui
leur était ménagé pour purger le défaut.
C'était comme une première opposition que
véritablement ils ne faisaient pas eux-mêmes,
mais que la justice avait commandé de faire
dans leur intérêt, et qui ne peut plus être suivie
d'une seconde, d'après la maxime : *Opposition
sur opposition ne vaut.* En d'autres termes :
deux fois appelés, ils se sont deux fois abstenus de se présenter; il est juste que le
jugement qui survient produise contre eux
tout l'effet d'un jugement contradictoire.

Mais il n'en est pas de même, ce sont toujours

(1) M. Pigeau, *Procéd. civ.*, t. 1, p. 567,
nouvelle édit.; M. Favard, *Répert.*, t. 3, p. 167;
M. Thomines Desmazures, *Comment.*, t. 1, p. 290.
M. Carré avait d'abord adopté l'opinion de M. Pigeau, dans son *Analyse*, question 512; mais il l'a
abandonnée. Voyez *Lois de la procéd.*, t. 1, p. 375.

ces auteurs qui distinguent, à l'égard des parties qui, *comparaissant lors du jugement de jonction*, n'ont fait défaut qu'à l'audience où la cause a été réappelée et jugée. C'est leur premier manquement, l'opposition doit donc leur être permise. L'opposition est une voie de droit qui ne peut jamais être fermée qu'en vertu d'un texte précis de la loi, et ce texte n'existe pas.

Là-dessus, les Cours royales se sont divisées (1).

Toutefois, je me hâte de dire que l'opinion contraire à celle que je viens de rapporter, est beaucoup plus généralement admise. Il faut espérer que seule elle restera, et que la loi ne sera point gâtée.

Ne serait-ce pas une belle création que cette théorie du *défaut joint*, avec son cortège d'oppositions à perte de vue ! Figurez-vous donc une instance dans laquelle un grand nombre de défendeurs ont été assignés. Tous comparaissent d'abord, un seul excepté. Celui-là est réassigné en vertu du jugement

(1) Voyez leurs arrêts divers dans le Journal des Avoués, t. 15, p. 313 et suivantes ; et dans M. Dalloz, t. 9, p. 705 et suivantes.

de jonction. Il vient ; mais alors un des premiers qui s'étaient présentés fait défaut. La cause est jugée. Le nouveau défaillant forme son opposition. On revient à l'audience. Un autre fait défaut à son tour. Encore un jugement ; encore une opposition ; et ainsi de suite, jusqu'à épuisement complet. Certes il y en aura pour long-temps.

Ce système n'a pas même le faible mérite de ces inductions que la rigidité d'un raisonnement fait quelquefois effleurir à la surface des textes ; car la lettre et l'esprit de la loi s'accordent évidemment pour le repousser.

« La lettre, a dit la Cour de cassation, refuse en termes généraux l'opposition à un jugement rendu définitivement sur le fond, après la jonction du défaut, lors du jugement définitif ; et le vœu de l'article 153 ne serait pas rempli, si l'on admettait plusieurs parties, qui feraient défaut tour à tour, à revenir par opposition contre ce jugement ; ce qui entraînerait des lenteurs, et exposerait les parties à voir rendre plusieurs jugemens renfermant des dispositions contraires dans des matières indivisibles, et pourrait faire renaître les inconvéniens qui résultaient du silence de

Art. l'ordonnance de 1667, auquel le Code de procédure a voulu remédier (1). »

J'ajouterai qu'il importe de ne pas se méprendre sur la nature du jugement qui joint un défaut au fonds de la cause. Ce jugement ne juge ni ne préjuge aucun des points litigieux ; il laisse intactes les nullités d'exploit, les difficultés de compétence, toutes les exceptions et toutes les défenses. En un mot, il ne couvre rien ; ce n'est autre chose qu'une simple mesure d'instruction, une sorte d'agencement qui dispose les différentes parties du procès à recevoir une commune décision.

Hors cette spécialité créée pour les jugemens rendus après la jonction, et la réassignation des défaillans, tout jugement par défaut peut être attaqué par la voie de l'opposition. Notez cependant, une fois pour toutes, que ce recours n'est plus admis contre le second 165. jugement qu'un défaillant laisse rendre sans comparaître encore, et qui le *déboute* de son

(1) Arrêt du 13 novembre 1823. Journal des Avoués, t. 29, p. 80 et suiv. Voyez aussi M. Carré, t. 1., p. 375; le Praticien français, t. 1, p. 440 ; M. Berriat-Saint-Prix, p. 398, note 10; M. Dalloz, *Jurisp. génér.*, t. 9, p. 703, etc.

opposition au premier défaut : il faut un terme Art.
à tout. De là cette maxime : *Opposition sur
opposition ne vaut.*

L'opposition est portée devant le tribunal
qui a rendu le jugement par défaut. Elle ne
tend pas directement à le faire réformer, car
les juges n'ont pas le pouvoir de se réformer
eux-mêmes, mais à le faire rétracter. Une
seule partie avait été entendue ; celle qui était
absente vient demander qu'on la replace dans
la position où elle serait s'il n'y eût eu
rien de prononcé, et qu'on l'admette à se
défendre : *audiatur et altera pars.* Le premier
degré de juridiction n'a point été rempli,
tant que dure le délai de l'opposition.

L'ordonnance de 1667 ne permettait pas
aux juges inférieurs de recevoir des oppositions
à leurs sentences rendues par défaut, en premier ressort (1). On ne pouvait qu'en appeler.
Le procès-verbal des conférences nous apprend le motif de cette prohibition : c'était
afin que les condamnations par défaut de-
vinssent plus rares. On disait que la facilité
des oppositions rendait les gens paresseux à
se défendre, qu'ils ne s'en mettaient en peine

(1) Tit. 14, art. 5.

qu'à la dernière extrémité, et qu'en leur faisant sentir plus sévèrement la nécessité de comparaître dès l'entrée de la cause, ils craindraient de se laisser condamner sans rien dire, et de se trouver réduits à porter dans les Cours un appel peu favorable. Mais pour refréner un abus, on ouvrait la brèche à un autre; le premier président de Lamoignon l'avait prédit. Les manœuvres redoublèrent pour surprendre des sentences par défaut; les appels se multiplièrent, et ce fut une grande vexation aux pauvres plaideurs, que ces longs voyages pour aller chercher dans les parlemens une justice fort coûteuse et fort lente. Un accord universel conserva partout l'usage de l'opposition. *Nam leges non solùm suffragio legislatoris, sed etiam tacito consensu* OMNIUM, *per desuetudinem abrogantur* (1).

En général, un jugement ne peut être mis à exécution, s'il n'a été préalablement signifié. On conçoit de reste que cette règle ne doit pas fléchir pour ce qui concerne les jugemens par défaut; et davantage il n'est besoin de

(1) *L.* 32, § 1, *ff. de legibus.*

dire que la signification doit être faite à per- Art.
sonne ou domicile, lorsqu'il s'agit d'un défaut
faute de constitution d'avoué.

Une autre règle veut que la signification et
l'exécution ne frappent pas du même coup, et
qu'un intervalle de temps donne à la partie
condamnée le loisir de se consulter sur le
parti qu'elle devra prendre (1). C'est pourquoi les jugemens par défaut ne peuvent être
exécutés avant l'échéance de la huitaine, à
compter de leur signification.

55.

Ce délai est franc, car le jour de la signification étant le point de départ ne s'y trouve
pas compris, et la huitaine ne sera achevée
qu'après l'écoulement entier du dernier des
jours dont elle se compose. Supposez la signification faite le 1er du mois, l'exécution ne
pourra avoir lieu avant le 10.

Je crois aussi qu'il faut y ajouter un jour
par trois myriamètres de distance, entre le domicile du défaillant, et le lieu où siége le tribunal qui l'a condamné. Autrement le but
de la loi serait manqué. Il serait trop injuste
de ne pas accorder plus de temps à celui qui
demeure au loin, qu'à celui qui se trouve

(1) Voyez tome 2, chap. 7 *des jugemens,* p. 457 et suiv.

Art. tout établi là où se doivent faire les diligences et les actes nécessaires pour arrêter l'exécution, et se pourvoir utilement. M. Carré n'admet l'augmentation du délai que pour certains cas particuliers, et suivant leur exigence (1). Je ne puis me rendre à cette distinction toute contraire à la teneur de l'article 1033, puisqu'il s'agit des effets d'une signification à personne ou domicile. Les distinctions qui ne sont ni faites, ni indiquées dans la loi, visent toujours à l'arbitraire; il vaut mieux se tenir au texte pur, surtout alors que son application générale n'offre d'autre inconvénient que celui d'étendre la faveur de la défense.

Toutefois le texte contient une exception que l'on connaît déjà; il permet aux tribunaux d'ordonner qu'un jugement par défaut 153. sera provisoirement exécuté, aussitôt après la signification qui en aura été faite, et, nonobstant opposition, dans les cas d'urgence prévus par l'article 135. L'exécution provisoire peut également être autorisée hors de ces cas, avec ou sans caution, s'il y a péril en la demeure, et toujours par le même jugement.

(1) T. 1, p. 379.

Je prie qu'on veuille bien se reporter aux Art.
explications que j'ai données, dans mon second
volume, sur l'exécution provisoire (1). Il serait inutile de les répéter.

Me voici rendu à ce qui touche les nouvelles garanties dont les auteurs du Code ont
cherché à entourer spécialement cette partie si
délicate des oppositions.

« Ici, disait M. Treilhard (2), je dois dé-
couvrir sans ménagement une grande plaie
de l'ordre judiciaire : il n'est que trop souvent
arrivé qu'un huissier prévaricateur a manqué
de donner une copie de son exploit à la personne qu'il assignait; c'est ce qu'on appelle,
en langue vulgaire, *souffler une copie*. Le
malheureux qu'on a dû citer ne peut pas se
montrer sur une interpellation qu'il ignore :
on prend contre lui un jugement par défaut.
Si la prévarication se prolonge, on lui sous-
trait encore la copie de la signification du
jugement. Il vit dans une sécurité profonde,

(1) Pages 573 et suiv.
(2) Exposé des motifs sur les livres 1 et 2 de la
première partie du Code de procédure.

et lorsque tous les délais pour se pourvoir sont écoulés, il peut être écrasé par une procédure dont il n'a pas même soupçonné l'existence.

» On a dû s'occuper sérieusement du remède à un mal qu'on n'a pu se dissimuler; je crois pouvoir annoncer que l'abus ou plutôt le délit est écarté sans retour.

» Une première précaution consiste à ordonner que les jugemens rendus par défaut contre les parties qui n'ont pas constitué d'avoué, seront toujours signifiés par un huissier commis à cet effet par le juge, et l'on peut sans témérité présager que les significations ne seront pas soustraites.

» Cette première mesure est suivie d'une seconde plus efficace encore.

» Les jugemens par défaut, quand il n'y a pas d'avoué constitué, devront toujours être exécutés dans les six mois, sinon ils seront réputés comme non avenus. Pourquoi s'empresse-t-on d'obtenir un jugement, si l'on ne veut pas s'en servir?

» L'opposition de la part du défaillant sera recevable jusqu'à l'exécution; pour couper court à toute espèce de subtilité, on a dû définir ce qu'on entend par exécuter un jugement. L'exécution n'est réputée faite qu'après un acte nécessairement connu de la partie défaillante. Jusque-là, celle-ci peut se rendre opposante au jugement; la déclaration de son opposition suspend toute poursuite. Ainsi disparaîtra pour toujours la possibilité d'une procédure frauduleuse et clandestine, dont l'objet était d'égorger un citoyen qui ne pouvait se défendre. Ainsi sera extirpé jusque dans sa racine un mal qui, jusqu'à ce jour, avait résisté à tous les efforts employés pour le détruire. »

Il était impossible de mettre en relief avec plus de vigueur et d'énergie les résultats de cette déplorable incurie de nos pères, et de faire subir à leur pratique un plus sévère examen. C'est au philosophe à recevoir la leçon des temps passés ; c'est au législateur à la mettre en œuvre. Toutefois nous avons expérimenté, à notre tour, que ce n'est pas chose facile que de refaire des lois, et d'animer cet assemblage d'articles brefs et resserrés, d'une vie nouvelle qui donne à leur application sa morale et sa force intellectuelle. L'accoutumance des praticiens les retient dans les sentiers battus, et met les jeunes systèmes sous la tutelle des vieux erremens; tandis que l'outrecuidance

ART.

des autres s'en va commentant à sa guise
des vues dans lesquelles ils n'ont pas assez
pénétré, isolant les textes, brisant leurs rapports, et poussant à l'excès les conséquences
de la rénovation.

156.

La signification de tout jugement par défaut
doit être faite par un huissier commis, ainsi
que la réassignation en cas de défaut joint.
Il faut que la justice soit rassurée, autant
qu'elle peut l'être, sur la remise de l'exploit.
Voilà le motif de la loi ; il est assez connu.
La signification faite par un autre huissier
serait nulle, parce qu'il y aurait manque de
compétence, et parce que le doute sur la
remise de l'acte se devrait naturellement résoudre contre cette usurpation de pouvoir,
et en faveur du recours qu'elle tendrait à
fermer.

Mais si la partie elle-même reconnaît qu'elle
a reçu la signification, sera-t-elle bien reçue
à demander la nullité de l'exploit qu'elle tient
à la main, en disant que l'huissier qui l'a
donné n'est pas celui que le tribunal avait
désigné ? C'est comme si l'on demandait une
caution après le paiement de la dette. Toute
sûreté est acquise, et la nullité ne serait plus
qu'une rigueur sans objet, un effet sans cause.

Il y a dans ce sens un arrêt de la Cour de Art.
cassation, du 7 décembre 1813 : « Attendu
que le sieur D.... ne peut pas se plaindre de
ce que le jugement du 8 février 1808 ne lui
avait pas été signifié par un huissier à ce spécialement commis, puisqu'il a avoué avoir reçu
la copie, au bas de laquelle il a même con-
signé une réponse (1). » Cependant *la rigueur
du droit* a fait pencher M. Carré vers l'opinion contraire (2). C'est être trop rigide.

Toujours occupée des odieuses manœuvres
d'autrefois, qui livraient irrévocablement la
fortune et la liberté d'un homme à des poursuites dont il avait ignoré les premiers actes,
la loi ne se contente pas de cette garantie
d'un huissier commis pour la signification des
jugemens par défaut. Elle veut encore que ces
jugemens soient exécutés dans les six mois
de *leur obtention;* et elle ajoute : *Sinon ils se-*
ront réputés non avenus. C'est-à-dire, qu'il ne   156.
sera pas nécessaire de se pourvoir pour faire
déclarer leur caducité, et qu'au besoin, il
suffira d'opposer cette prescription acquise
dont l'effet les a mis à néant, ou les a fait tom-

(1) Sirey, 14-1-137.
(2) Lois de la procéd., t. 1, p. 383.

Art. ber en *non chaloir*, comme l'aurait fort bien exprimé le vieux langage.

Le terme ordinaire de la prescription pour les jugemens est de trente années. Conservez cette longue vie à un jugement par défaut, dont l'existence n'est peut-être pas soupçonnée de celui qui doit être un jour écrasé de son poids ; on laissera le temps couler jusqu'à ce que l'oubli, l'absence, la mort, ou d'autres événemens aient dispersé les titres, ou fait périr les preuves qui auraient pu couper court aux poursuites, et confondre le poursuivant; l'opportunité du moment sera épiée, et l'on exécutera. *Præsumptio doli est adversùs eum qui petitionem differt post mortem adversarii, quo tempore defensionem ejus difficiliorem esse speret* (1). Le législateur s'est affranchi de ces craintes ; il a établi une prescription nouvelle, et il a dit : « Pourquoi s'empresse-t-on d'obtenir un jugement, si l'on ne veut pas s'en servir ? »

158.   Une autre disposition a dû sortir de ces efforts vers le mieux : l'opposition sera recevable jusqu'à l'exécution. Que si l'on s'avisait encore de *souffler* des copies d'ajournemens,

_____

(1) Mornac, *de prob. et præsumpt.*

de significations, de commandemens, ce serait une malice stérile ; elle ne ferait courir aucun délai fatal. Mais l'exécution ne se dissimule pas ; elle avertit en frappant les biens ou la personne ; c'est un éveil qui met assez violemment en demeure, pour que l'opposition ne puisse plus être différée.

Je dirai bientôt comment le jugement est *réputé* exécuté.

Je prie qu'on veuille bien ne pas perdre de vue que je ne m'occupe ici que des jugemens par défaut *faute de comparution ;* car toutes ces précautions que j'explique seraient d'une absurde inutilité à l'égard d'une partie qui a certainement reçu l'assignation, puisqu'elle a constitué un avoué, et qui a été condamnée par défaut, non parce qu'elle n'a pas pu, mais parce qu'elle n'a pas voulu se défendre.

L'inexécution dans les six mois n'anéantit que le jugement, elle laisse subsister l'instance. Cette espèce de péremption n'a rien de commun avec celle qui fait l'objet du Titre XXII du second livre du Code de procédure, laquelle n'a jamais lieu de plein droit, et ne s'acquiert que par la discontinuation des poursuites pendant trois ans. On s'est mis

ART. d'abord à disputer là-dessus (1). Aujourd'hui ce n'est plus un doute : l'ajournement lui-même conserve toute sa force et tous ses effets, comme l'instance qu'il a introduite, et sur cet ajourne-ment le demandeur peut obtenir une nouvelle sentence (2). Lorsque le projet des deux pre-miers livres du Code fut communiqué à la Sec-tion de législation du Tribunat, elle adopta l'ar-ticle 156, « en observant qu'il n'y aurait que le jugement de périmé, que l'action subsis-terait, que même l'exploit pourrait encore produire son effet. » M. Locré nous apprend qu'au conseil d'état cette addition n'a pas paru nécessaire, attendu que l'article n'a trait qu'au jugement, et laisse l'action dans les termes du droit commun (3). Evidemment le mot *action* est pris ici dans son acception d'*in-*

(1) Arrêt de la Cour de Limoges du 24 janvier 1816; Journal des Avoués, t. 15, p. 398. La même Cour a rendu un arrêt contraire le 10 mai 1819; *ibidem*, p. 329.

(2) Voyez MM. Pigeau, *Comment.*, t. 1, p. 356; Favard, *Répert.*, t. 3, p. 173; Carré, *Lois de la proc.*, t. 1, p. 387; Berriat-St-Prix, t. 2, p. 674 et 765; Dalloz, *Jurisp. génér.*, t. 9, p. 743, et les arrêts qu'ils citent; M. Merlin, *Répert.*, t. 17, p. 388.

(3) *Législation civile*, etc., t. 21, p. 89.

stance. Voyez ma remarque à ce sujet, tome 1, chapitre *des Actions*, page 55. Toutefois si la nouvelle sentence est encore rendue par défaut faute de comparution, et non exécutée dans les six mois, elle aura le sort de la première.

Il est temps de se fixer en définitive sur la vraie nature de cette disposition, afin de résoudre les diverses difficultés qu'elle a fait naître.

Je le répète : c'est une prescription en faveur de l'ignorance possible du défendeur ; c'est une peine contre l'astuce possible du demandeur.

Or la prescription commencée peut être interrompue par une reconnaissance du débiteur, et la prescription acquise peut être effacée par sa renonciation (1).

Celui qui a été condamné par défaut a donc la faculté d'acquiescer au jugement, afin d'éviter l'éclat et les frais d'une exécution rigoureuse, et de solliciter un délai qui sauve son crédit et le reste de sa fortune. De même il est libre de faire revivre la condamnation après les six mois, en se soumettant à subir

(1) Code civil, art. 2220 et 2248.

Art. ses effets. La bonne foi n'est pas prohibée : *Nemo prohibetur bonam fidem agnoscere.*

La Cour de Metz n'en a pas moins décidé, le 26 mai 1819, que la nullité du jugement était absolue, inaccommodable par quelque acquiescement que ce fût, et que la disposition de l'article 156 ne ressemblait ni à la péremption d'instance qui doit être demandée, ni à la prescription qui ne peut être suppléée d'office par les juges. Cet arrêt n'a pas été approuvé (1).

---

(1) Le rédacteur du Journal des Avoués dit que la Cour de Bourges a rendu un arrêt semblable, le 7 février 1822. C'est une erreur.

Il s'agissait dans l'arrêt de Metz d'un acquiescement contre lequel la partie condamnée réclamait seule, en disant qu'elle n'avait pu le donner.

Dans l'espèce de l'arrêt de Bourges, c'était un créancier, un tiers, qui, voulant profiter de la péremption acquise à son débiteur, soutenait avec raison qu'on ne pouvait pas lui opposer une renonciation de ce débiteur, laquelle était sous signature privée et n'avait pas de date certaine.

La différence était grande, comme on le verra ci-après.

L'arrêt de Metz se trouve au tome 15 du Journal des Avoués, page 415, et celui de Bourges, au tome 24, page 43.

Je reprends la trace des règles touchant les A<small>RT.</small>
prescriptions. Il est dit, au Code civil, que les
créanciers, ou toutes autres personnes ayant intérêt à ce que la prescription soit acquise, sont
fondés à l'opposer, quoique le débiteur y renonce (1). D'où je conclus qu'un jugement
éteint, à défaut d'exécution dans les six mois,
ne peut être ravivé, *au préjudice des tiers*, par
la volonté du défaillant.

Cette conclusion a besoin d'être expliquée.
Voici un exemple :

Il s'agit d'un ordre ouvert pour la distribution du prix d'une vente d'immeubles, entre
des créanciers hypothécaires. L'un d'eux a pris
inscription en vertu d'un jugement par défaut
qui n'a point été exécuté dans les six mois,
mais que le débiteur a tenu pour exécuté, par
une déclaration d'acquiescement. Les autres
créanciers dont le rang est plus éloigné, repoussent le premier, et lui disent : Vous n'avez
plus de jugement, partant plus d'hypothèque,
plus d'inscription.

Si l'acquiescement du débiteur a une
date certaine, s'il a été enregistré avant l'expiration des six mois, les créanciers contestans
ont tort.

(1) Art. 2225.

ART.

En recevant cet acquiescement, au lieu de
passer outre et d'exécuter, quand il le pouvait
encore, le porteur du jugement a rempli
dignement le vœu de la loi toujours favorable à cette espèce de satisfaction réciproque qui termine un litige. S'il l'eût repoussée,
s'il eût impitoyablement procédé par saisie de
meubles, par expropriation forcée, par emprisonnement, sa créance se serait gonflée d'une
énormité de frais, et les facultés du débiteur
commun ne se trouveraient pas dans un état
plus rassurant. Les autres créanciers sont donc
sans intérêt, sans raison et sans droit, pour
quereller le jugement, l'hypothèque et l'inscription.

Le maintien du jugement et de ses effets
ne se fonde-t-il que sur une déclaration du
débiteur, laquelle n'aurait point acquis la certitude légale de sa date avant l'échéance des
six mois? la question n'a plus le même aspect.
Rien ne prouve que l'acquiescement a rem-
placé l'exécution dans le temps où elle devait
être faite; car la date, quelle que soit celle qu'on
y ait apposée, ne peut remonter au-delà du jour
où la pièce a été produite. Le débiteur n'a pas eu
la puissance de rendre meilleure, à son gré, la
condition d'un créancier, et de le relever des

nullités ou des déchéances que la dernière Art.
heure des six mois avait scellées. Ici revient ce
principe du Code civil : toute personne ayant
intérêt à ce que la prescription *soit acquise*, a
le droit de l'opposer, quoique le débiteur y
renonce.

On objecterait en vain que c'est une exception personnelle au débiteur, pour en induire
que les créanciers ne peuvent exercer les droits
et les actions qui sont exclusivement attachés
à sa personne (1). Il n'y a de droits exclusivement attachés à la personne, dans le sens de
l'article 1166 du Code civil, que ceux qui ne
passent pas aux héritiers, ou qui, étant de nature à expirer avec la personne, ne peuvent
pas être cédés par elle de son vivant : *quæ personæ sunt, non transeunt ad hæredem* (2). Je
ne crois pas qu'on aille jusqu'à prétendre que
la prescription ou la péremption d'un jugement ne peut être opposée par les héritiers de

(1) Code civil, art. 1166. C'est ce que dit M. Carré,
t. 1, p. 388, à la note.

(2) *L.* 196, *ff. de regulis juris.* Voyez sur cette distinction des droits attachés à la personne, et de ceux
qui ne le sont pas, M. Merlin, *Questions de droit,*
v° hypothèque, § 4, n° 4.

la partie condamnée. Or, les droits qui passent aux héritiers, passent aux créanciers; et, sans qu'il soit besoin d'entrer dans une discussion incidente dont le développement serait fort long, l'article 2225 du Code civil ne fait-il pas assez connaître que le droit de faire valoir une prescription acquise, n'est pas un de ces droits exclusivement attachés à la personne du débiteur.

On ne serait pas plus heureux en ajoutant, avec M. Carré (1), « que les *tiers* seuls pourraient quereller la certitude de la date; que les créanciers ne sont pas des tiers, à l'égard de leur débiteur; qu'ils sont ses *ayant-cause*, et qu'ils n'ont pas qualité pour se prévaloir d'un moyen auquel il a renoncé (2). L'article 2225 est encore là pour répondre. Il y a sans doute beaucoup de cas où les créanciers sont les *ayant-cause* de leur débiteur, mais ils ne le sont plus, toutes les fois que le débiteur a traité ou contracté au préjudice d'un droit que la loi les autorise à faire valoir. L'acquéreur aussi

(1) Tome 1, p. 388.

(2) Code civil, art. 1322 et 1328. Notez que M. Carré convient que la péremption du jugement par défaut, non exécuté dans les six mois, est une véritable prescription.

est, en général, l'*ayant-cause* de son vendeur; Art.
cependant l'acquéreur d'une maison ou d'un
bien rural peut expulser le fermier qui n'a
pas un bail authentique, ou un bail dont la
date soit *certaine* avant la vente (1). La col-
lision des intérêts en fait un *tiers*. M. Toullier lui-même qui, de tous les auteurs, est
celui dont la doctrine a donné la plus vaste
portée à la représentation des *ayant-cause*, «ne
voit pas comment on irait jusqu'à considérer
les créanciers saisissans, ou poursuivans l'ordre, comme les *ayant-cause* du débiteur. On
ne peut donc pas, continue-t-il, leur opposer
les actes sous seing privé consentis à l'un d'eux
par ce dernier. Ils ont le droit de critiquer,
comme périmé, un jugement par défaut non
exécuté, en vertu duquel l'un d'entre eux prétend exercer une hypothèque judiciaire. La
péremption est une prescription, etc. (2). »

La jurisprudence paraît aujourd'hui se fixer
sur ce point (3).

---

(1) Code civil, art. 1743.
(2) T. 8, p. 382 et suivantes.
(3) Voyez les arrêts rapportés par M. Dalloz, *Jurisp.
génér.*, t. 9, p. 733, et *Recueil périod.*, 1826-1-437,
2-23 ; 1828-2-61 et 81. M. Carré est resté à peu près

Mais il est une autre difficulté, pour laquelle je ne puis rendre ce consolant témoignage.

Un jugement par défaut a prononcé une condamnation contre plusieurs débiteurs solidaires. L'exécution, dans le délai légal, envers un seul de ces débiteurs, empêche-t-elle que la péremption ne soit acquise pour les autres?

Cette question ainsi posée, qui se trouve à chacune des pages de tous les recueils, entretient dans les balances de la justice une oscillation désespérante pour les jurés chercheurs d'arrêts.

Les raisons de part et d'autre ont été suffisamment développées et discutées. Elles sont partout. Je me contenterai d'en donner ici le sommaire.

On dit pour l'affirmative : La péremption établie par l'article 156 du Code de procédure étant une vraie prescription, les poursuites faites contre l'un des débiteurs solidaires, forment une interruption à l'égard de tous (1).

seul de son avis; il s'appuyait sur un arrêt de la Cour de Caen, qui depuis a décidé autrement.

Cette question, alors très-controversée, fut le sujet de l'une des épreuves du concours ouvert à Toulouse, en 1822, pour la chaire que j'ai l'honneur d'occuper.

(1) Code civil, art. 1206.

Ce principe, puisé dans le droit romain (1), Art.
s'applique à toutes les prescriptions.

L'idée de la solidarité est incompatible avec
l'hypothèse d'un titre qui subsisterait pour
l'un, et qui périrait pour les autres.

Le jugement est le titre du créancier. Il se
prescrit par six mois à défaut d'exécution,
comme tout autre titre se peut prescrire par
un délai plus ou moins long; mais pour le
sauver, il suffit que des poursuites d'exécution
viennent interrompre la prescription envers
un des débiteurs.

La péremption est fondée sur ce que la négligence de celui qui a obtenu le jugement
peut avoir quelque chose de suspect. Certes il
serait trop déraisonnable d'imputer un mauvais dessein au créancier qui, dans le délai de
la loi, a fait contre l'un des codébiteurs condamnés toutes les diligences d'exécution.

On répond pour la négative : La péremption
des jugemens par défaut ne doit pas être assi-
milée à la prescription; elle a d'autres règles,
elle produit d'autres effets.

« La prescription est un moyen d'acquérir
ou de se libérer par un certain laps de

(1) *L. ultimâ C. de duobus reis.*

ART.

temps (1). » Or, la péremption ne fait acquérir aucun droit, ne libère d'aucune obligation, l'action subsistant toujours, quoique le
jugement ne subsiste plus.

Le jugement n'est un titre pour le créancier, que sous la condition qu'il sera exécuté
dans les six mois. Cette condition manque-t-
elle? le titre s'évanouit. A-t-elle été remplie
envers l'un des débiteurs seulement? le jugement n'est plus un titre à l'encontre des
autres.

Il n'est pas contestable qu'une demande
isolément formée contre l'un des codébiteurs
solidaires produirait une condamnation qui
ne frapperait que celui-là : de même, lorsqu'un jugement obtenu contre tous n'a été
exécuté que sur un seul, la condamnation est
réputée non avenue, relativement à ceux qui
n'ont pas été compris dans l'exécution; ce qui
n'empêche pas que le fonds du droit ne soit
conservé à l'égard de tous.

Cette opinion avait pour elle l'appui de M.
Merlin (2). Le *Journal des Avoués* n'a pas man-

_____

(1) Cod. civ., art. 2219.

(2) *Répertoire*, t. 17, v° *péremption*, sect. 2, § 1,
n° 12.

qué de citer une aussi puissante autorité, comme A<small>RT.</small>
un contre-poids à l'arrêt du 7 décembre 1825,
dans lequel la Cour suprême avait considéré que
« l'article 1206 du Code civil devait s'appliquer à tous droits, actions et actes susceptibles d'être *prescrits* ou *périmés*, et par conséquent à la *prescription* ou *péremption* établie
par l'article 156 du Code de procédure. »

Après la relation de cet arrêt, l'estimable
rédacteur a inséré l'observation suivante :

« M. Merlin s'élève avec force contre cette
jurisprudence. Il entre dans les plus grands
développemens, et vouloir analyser sa discussion serait l'affaiblir ; nous ne pouvons qu'engager nos lecteurs à la lire ; le profond savoir
de ce jurisconsulte, et sa brillante logique,
en font une des dissertations les plus intéres-
santes du Répertoire. Il combat l'opinion de
M. Carré, et la jurisprudence de la Cour de
Bruxelles, dont il rapporte un arrêt du 1er avril
1822, en disant que cet arrêt porte sur une
base absolument fausse (1). »

Cependant, voici que dans une dernière
édition du Répertoire, M. Merlin, qui venait

(1) Journal des Avoués, t. 30, p. 279.

Art. de saper *la base absolument fausse* du système de M. Carré et de la Cour de Bruxelles, ajoute à sa dissertation une ligne fort inattendue, pour annoncer qu'en définitive c'est au système de M. Carré qu'il faut se tenir.

Le secret de cette abjuration si brusque, si brève, et si désappointante, se trouve dans les *Questions de droit,* au mot *chose jugée*, § 18, n° 2 et 3. Là M. Merlin enseigne qu'un jugement rendu *pour* ou *contre* un débiteur solidaire, a l'autorité de la chose jugée *pour* ou *contre* les autres codébiteurs,

« On y trouve, dit-il, un concours parfait des conditions à ce réquises. D'une part, une dette solidaire est la même dans sa substance et dans sa cause, pour chacune des parties qui y sont obligées. D'un autre côté, le codébiteur solidaire *pour* ou *contre* lequel le jugement a été rendu, ne forme moralement qu'un seul et même individu avec les autres codébiteurs, parce qu'ils n'ont pu s'obliger solidairement à la même dette, sans se constituer mandataires l'un de l'autre pour la payer, et par suite, pour se représenter mutuellement dans tous les actes et toutes les procédures qui tendraient à la faire payer, et pour faire valoir dans leur intérêt commun tous les moyens

qu'ils pourraient avoir de s'exempter de la ART.
payer. »

Il y aurait à disserter beaucoup sur cette
doctrine qui donne la force de la chose
jugée, envers tous les débiteurs solidaires, au jugement rendu contre un seul. Tel
n'était pas le sentiment du président Favre
dans ses *Rationalia,* sur la loi 28, § 3, ff. *de
jurejurando.* On y lit : *Nec sententia contra
unum ex correis lata, alteri nocet.*

Mais cette question n'est pas la nôtre. Le
jugement est rendu contre tous les débiteurs
solidaires : il s'agit de savoir, comme je l'ai dit,
si l'exécution subie par l'un d'eux, empêche
la péremption à l'égard des autres. Je n'ai jamais su en douter. L'affirmative s'est toujours
présentée à mon entendement, nette, claire,
appuyée sur la base des principes régulateurs
de la prescription.

En matière de solidarité, la procédure engagée contre tous les débiteurs est une, indivisible. Il est équitable, *humanum*, pour me
servir de l'expression de la loi romaine (1),
que l'exécution volontaire ou forcée du même
jugement embrasse, dans ses effets, celui qui

_____

(1) *L. ultimâ, Cod. de duobus reis.*

ART. l'a soufferte, et ceux qui n'ont pas été démenés jusque-là, parce que ces effets ont une cause commune : *cùm debiti causa ex eâdem actione apparuit.*

Une prescription, quelle que soit sa nature, n'est opposable qu'au créancier qui a négligé d'exercer son droit dans un délai prescrit. Or on ne peut alléguer que le créancier qui a fait exécuter son jugement sur l'un des codébiteurs solidaires, n'a pas exercé tout son droit ; car chacun d'eux est tenu de toute la dette, *cùm ex una stirpe, unoque fonte effluxit;* et la dette ne peut subsister pour l'un, et ne subsister pas pour les autres. Si vous obligez le créancier à consommer, chez tous, les actes rigoureux d'une exécution, vous les aggraverez, en réalité, d'une masse énorme de frais, pour leur ménager, en théorie, la faveur de la péremption.

Il se peut qu'un jugement ait été rendu par défaut contre quinze ou vingt endosseurs d'une lettre de change, ou d'un billet à ordre. Ils sont tous solidairement obligés (1). Le porteur sera donc astreint à faire marcher huissiers et records dans toutes les directions,

(1) Code de commerce, art. 140 et 187.

Art.

pour les exécuter tous, avant l'expiration des six mois , sous peine de perdre ses avantages à l'égard de ceux que les distances et le manque de temps l'auront forcé d'épargner !

Supposez que le créancier n'ait fait ses diligences d'exécution, à l'encontre d'un des débiteurs solidaires, que dans les derniers jours des six mois. Il était dans les limites de son droit. Mais si ce droit a péri relativement aux autres, tandis qu'il s'accomplissait à l'égard de celui qui seul avait été soumis aux contraintes, la subrogation ne pourra donc pas avoir lieu au profit de ce dernier, comme le veulent les articles 1214 et 1251 du Code civil? Il n'y aura donc plus ni jugement, ni hypothèque, ni inscription à céder en échange du paiement de la dette entière? Les sûretés du recours que promet la loi seront donc livrées aux caprices, et peut-être aux calculs d'une collusion éhontée ?

Il ne faudrait que de pareilles éventualités pour discréditer un système.

Enfin, les rédacteurs du Code de procédure n'ignoraient pas que plusieurs défendeurs pouvaient être solidairement condamnés par défaut. Ont-ils commandé autant d'exécutions partielles qu'il y aurait de defaillâns? Non :

Art. ils ont donc laissé tout entiers les principes du droit commun touchant l'interruption des prescriptions.

Lorsque la question fut plaidée pour la première fois devant la Cour royale de Poitiers , en 1821 , je présentai cette considération d'un mandat réciproque qui dérive de la solidarité, et que M. Merlin a si disertement fait valoir depuis, dans ses Questions de droit. Ce fut le principal motif de l'arrêt :

« Attendu que les poursuites dirigées contre l'un des codébiteurs solidaires pouvaient interrompre la prescription contre les autres , puisqu'ils sont censés mandataires les uns des autres pour l'exécution de leur obligation, et des condamnations prononcées contre eux ;

» Attendu que le paiement fait par l'un d'eux a libéré toutes les parties condamnées envers le créancier commun, et que par conséquent le jugement a reçu une pleine et entière exécution à l'égard de tous ceux contre qui il avait été rendu solidairement; qu'ainsi l'article 156 du Code de procédure ne peut être invoqué dans l'espèce. »

On sait déjà , par l'explication des motifs de la loi, que la péremption ne s'applique ni aux jugemens par défaut rendus faute de conclure et plaider, ni à ceux rendus après la jonction du défaut et la réassignation des défaillans, ni à ceux rendus sur une opposition à un premier défaut. Je dois ajouter qu'elle est également inapplicable aux jugemens par défaut émanés des juges de paix. Je ne puis en donner de meilleures raisons que celles qui se trouvent dans un arrêt de la Cour de cassation du 13 septembre 1809 :

« Attendu que cette sorte de péremption pénale n'ayant pas été prononcée par la loi contre les jugemens par défaut des justices de paix, bien qu'elle se soit explicitement occupée et de ces jugemens et de l'opposition dont ils sont susceptibles, et du délai et de la forme de ces oppositions, le tribunal de Montdidier n'a pu la prononcer et l'appliquer, sans ajouter à la loi ;

» Attendu que la disposition de l'art. 156, loin d'être générale et commune à tous les jugemens par défaut, de quelque tribunal qu'ils émanent, est purement spéciale aux jugemens par défaut rendus par les tribunaux inférieurs ; que cela est si vrai, qu'elle n'est placée que dans le livre II du Code, et non dans le livre I relatif aux justices de paix ; et que, quand la volonté du législateur a été d'étendre et de

ART. proroger cette disposition, il l'a expressément
et positivement manifestée. Ainsi, pour les
Cours d'appel, il a dit, article 470 : *Les autres
règles établies pour les tribunaux inférieurs
seront observées dans les tribunaux d'appel ;*
ainsi pour les tribunaux de commerce, il a
dit, article 643 du Code de commerce : *Les
articles 156, 158 et 159 du Code de procédure
civile, relatifs aux jugemens par défaut rendus
par les tribunaux inférieurs, seront applica-
bles aux jugemens par défaut rendus par les
tribunaux de commerce;*

» D'où il suit nécessairement que n'ayant
pas énoncé la même intention d'étendre la
disposition de l'article 156 aux jugemens par
défaut rendus en justice de paix, le législateur
a voulu se tenir, et s'est tenu, à l'égard de
ceux-ci, à ce qu'il avait statué et prescrit par
le titre III du livre I ;

» Attendu qu'il n'est pas dans l'attribution
des juges de s'ingérer des motifs de cette différence ; qu'il suffit que la loi l'ait établie,
pour que le tribunal de Montdidier n'ait pas
pu, en confondant des dispositions spéciales,
distinctes et séparées, appliquer aux jugemens
par défaut des justices de paix, ce que la loi
n'a statué qu'au regard des jugemens par dé-

faut des tribunaux inférieurs, des tribunaux **ART.'**
de commerce et des Cours d'appel ;

» Casse, etc. (1). »

Cependant l'École a plus de liberté pour chercher les secrets du législateur et pour interroger son esprit : je crois qu'on trouverait les motifs de cette différence signalée par la Cour suprême, en consultant la nature particulière de la juridiction des juges de paix. Les justiciables y sont presque toujours groupés autour de leur tribunal; un jugement par défaut n'est guère ignoré dans le canton; et puis le juge a reçu la mission de s'enquérir des causes de l'absence du défendeur. Il peut les savoir par lui-même, ou par les causeries de l'audience, qu'on me passe ce mot; des parens, des voisins, des amis de la partie citée, peuvent expliquer des circonstances propres à faire présumer qu'elle n'a pas reçu la citation. Alors le juge a la faculté, en adjugeant le défaut, de fixer, pour l'opposition, le temps qui lui paraît convenable. Ce n'est pas tout : la loi accorde au défaillant la faveur de se faire relever de la fatalité des délais ordinaires, et de former opposition en

(1) Sirey, t. 9-1-417.

Art. tout temps, s'il justifie qu'il n'a pas été instruit
de la procédure. Avec de telles précautions,
eût-il été bien utile d'armer en guerre, et de
soumettre aux rigueurs obligées d'une exécution péremptoire, les petits intérêts qui s'a-
gitent dans ces justices familières ?

156.

158.

Or est-il que les jugemens ou arrêts par
défaut, faute de comparution, rendus par les
tribunaux inférieurs, par les juges de commerce, ou par les Cours royales, et qui
n'ont pas été exécutés dans les six mois de leur
obtention, sont comme non avenus., et que
l'opposition est recevable jusqu'à l'exécution.

L'exécution est volontaire ou forcée.

Exécuter volontairement, c'est exprimer la
volonté de reconnaître la justice de la demande
et de se soumettre au jugement; c'est acquiescer, et renoncer à toutes voies de recours;
c'est, par exemple, demander un délai pour
payer : *Ad solutionem dilationem petentem
adquievisse sententiæ manifestè probatur* (1).
Le paiement des frais est encore un acquies-

_____

(1) L. 5, *cod. de re judicatâ.*

cement; c'est reconnaître qu'à bon droit on a Art.
succombé.

L'exécution forcée est celle qui frappe les biens ou la personne ; elle ne peut être dissimulée, ignorée ; c'est un éveil qui met assez violemment en demeure, comme je l'ai dit plus haut, pour que l'opposition ne puisse plus être différée.

Voici les termes de la loi : « Le jugement est réputé exécuté, lorsque les meubles saisis ont été vendus, et que le condamné a été emprisonné ou recommandé (1), ou que la saisie d'un ou plusieurs de ses immeubles lui a été notifiée, ou que les frais ont été payés, ou enfin lorsqu'il y a quelque acte duquel il résulte nécessairement que l'exécution du jugement a été connue de la partie défaillante. »

159

Cette dernière disposition ne se trouvait pas dans le projet.

Quand on vint à discuter l'article 156 au Conseil d'état, séance du 14 floréal an XIII, M. Muraire objecta : « Qu'il n'était pas toujours possible d'exécuter un jugement

(1) La *recommandation* est l'opposition qu'on fait à la mise en liberté d'un prisonnier déjà arrêté à la requête de quelqu'un.

ART. dans les six mois : quelquefois il y a des pièces
à vérifier, des liquidations à faire; enfin on
est obligé de procéder à des opérations préalables qui prennent beaucoup plus de temps.»

M. Treilhard répondit : « Que l'on ne proposait pas d'exiger que l'exécution *fût parfai-*
tement consommée dans les six mois. L'article 159 explique le mot *exécution;* l'article 156
(relatif à la péremption) se contente d'un acte
quelconque que la partie condamnée n'ait pu
ignorer, et qui l'ait avertie de l'*existence du*
jugement. ·»

« Alors il est indispensable, répliqua
M. Muraire, de généraliser l'article 159, et,
au lieu de se réduire au petit nombre de cas
qu'il énonce, on doit décider que le jugement
sera réputé exécuté toutes les fois qu'il sera intervenu un acte patent que la partie condamnée n'aura pu ignorer. »

Les deux articles furent représentés à la
séance suivante (1) avec cet amendement.
M. Defermont dit : « Que l'on apercevait facilement l'intention que les auteurs du projet
avaient eue en proposant l'article 159. Ils se
sont placés dans l'hypothèse où la significa-

(1) Le 28 floréal an XIII.

tion aurait été soustraite, et ils ont voulu ménager au condamné le moyen de former opposition au jugement *dont il n'aurait connu l'existence* que par l'exécution. Rien de plus juste ; mais il faudrait borner la disposition au cas pour lequel elle a été faite, et ne pas admettre cette opposition tardive, lorsqu'il serait prouvé d'une manière quelconque que la partie condamnée *a connu le jugement* assez à temps, pour se pourvoir avant qu'on vînt l'exécuter. »

M. Treilhard fit observer : « Que l'on avait seulement voulu rassembler toutes les circonstances qui caractérisent l'exécution du jugement, et dont il résulte que la partie n'a pas pu l'ignorer. Ces dispositions sont nécessaires pour guider le juge dans l'application de la règle générale établie par l'article précédent (1), à laquelle il n'est pas dérogé, *et qui remplit les vues* de M. Defermont. »

Ici la discussion se termina ; les articles et les amendemens furent définitivement adoptés (2).

(1) C'est l'art. 158, portant que l'opposition sera recevable jusqu'à l'exécution.

(2) Voyez la Législation civile, etc., de M. Locré, t. 21, p. 280 et 352.

Art. C'est en pénétrant ainsi dans l'intimité du conseil des sages, c'est en étudiant les commentaires donnés par le législateur lui-même aux dispositions de sa loi, que l'on voit s'aplanir les aspérités de l'application, et se montrer à nu les erreurs d'une doctrine et d'une jurisprudence quelquefois trop ambitieuses.

Remarquez d'abord, pour ce qui concerne la péremption, que les auteurs du Code n'ont point eu la pensée d'exiger une exécution complète, achevée dans les six mois, lorsque l'espèce du procès réclame un temps plus long (1).

S'il s'agit d'une demande en interdiction, d'une séparation entre époux, le défaut de comparution du défenseur ne dispense pas le tribunal d'ordonner la preuve des faits allégués ; les dépens sont réservés en définitive, et le jugement qui ne contient pas de condamnation ne peut être exécuté par aucune voie de contrainte. Mais il recevra toute l'exécution que sa nature comporte, par les dili-

_____

(1) Voyez dans ce sens un arrêt de la Cour de Toulouse, du 10 mars 1831, rapporté au Journal des Avoués, t. 41, p. 658.

gences qui seront faites afin de parvenir à
l'enquête.

Il arrive souvent que le débiteur condamné ne possède point de meubles, point d'immeubles. On fait alors à son domicile un procès-verbal *de carence*, c'est-à-dire que l'huissier constate qu'il n'y a rien trouvé qui pût être saisi, que la matière saisissable y manque, *caret*. Le jugement est réputé exécuté; à l'impossible nul n'est tenu. Cela soit dit seulement pour empêcher la péremption; car j'estime que s'il n'était point prouvé que le débiteur ait eu connaissance du procès-verbal, l'opposition au jugement ne pourrait pas cesser d'être recevable (1).

Et si vous avez à démener quelqu'un de ces gens qui n'ont point *d'ostel*, qui *repairent* tantôt ici, tantôt là, qui demeurent partout et que les huissiers ne rencontrent nulle part (2); en quel lieu, de quelle manière, sur quoi ferez-vous exécuter votre jugement? Les six mois suffiront-ils pour suivre en divers

(1) Voyez M. Pigeau, *Comment.*, t. 1, p. 354 et 363.

(2) Voyez mon second volume, chap. des Ajournemens, pag. 90, et l'article 69 du Code de procédure, § 8.

pays les traces d'une course vagabonde ?
L'huissier portera ses significations et ses
actes de perquisitions au domicile du procureur du roi. C'en sera assez, puisque vous
n'avez pas pu davantage. La loi qui donne sa
force au titre, n'y a point attaché la condition
insensée de saisir un débiteur que la main de
la justice ne peut atteindre. Il faut dire la
même chose de l'étranger qui ne possède rien
en France. Ainsi point de péremption ; mais
la faculté d'opposition restera sauve, jusqu'à
ce qu'une exécution mieux caractérisée et
mieux connue puisse devenir praticable (1).

Une saisie-arrêt, entre les mains d'un tiers,
sur des sommes ou des effets appartenant à la
partie condamnée, est-elle un acte d'exécution qui prévienne la caducité du jugement?
On adopte généralement l'affirmative, pourvu
toutefois que la demande en validité de la
saisie ait été suivie d'une constitution d'avoué
de la part du saisi (2), ce qui indique certai-

(1) Ainsi jugé par la Cour de Paris, le 22 juin 1814.
Journal des Avoués, t. 15, p. 391.

(2) Une saisie-arrêt n'est dans son principe qu'un
acte conservatoire ; elle ne produit son effet, c'est-à-
dire la délivrance des choses saisies, que par un jugement spécial rendu contre le saisi, et qui la déclare
valable. J'expliquerai cela plus loin.

nement une pleine connaissance des poursuites d'exécution. Mais si le débiteur ne comparaît point sur cette demande en validité
qui souvent ne l'intéresse guère, et si les
sommes ou les effets arrêtés sont les seules
choses qui offrent quelque prise, c'est donc
à dire que la délivrance faite au créancier par
le tiers ne constituera pas une véritable exécution, et que le jugement de condamnation
n'en devra pas moins être considéré comme
non avenu? Pressez un peu la conséquence,
et il faudra que vous fassiez restituer au crean-
cier ce qu'il aura reçu.

Heureusement ce n'est ni dans la lettre ni
dans l'esprit de la loi. Son but n'est point de
protéger cet art de fuite et de péremption que
certaines gens savent si bien perfectionner,
sans qu'on les y encourage. Quand le Code a
parlé d'actes d'exécution qui doivent être *con-*
nus du défaillant pour que le jugement soit
réputé exécuté, il n'a eu en vue que les actes
qui, ne constituant pas une véritable exécution, n'en sont que des préliminaires, des
essais, comme un procès-verbal de carence,
mais qui, parvenus indubitablement à la connaissance de la personne entreprise, suffisent
pour la mettre en demeure de s'opposer et

Art. de se défendre. Gardez-vous de confondre ces actes avec une exécution consommée, telle qu'une vente de meubles saisis, que l'article 159 donne comme un exemple démonstratif de ce qu'il faut entendre par l'exécution d'un jugement. Que la partie condamnée, exécutée, allègue ou non qu'elle n'en a pas été instruite, il n'importe ; le jugement est exécuté ; il subsiste ; plus de péremption, et, dans ce cas, plus d'opposition recevable. Or la saisie-arrêt, suivie d'un jugement de validité, même rendu par défaut, et de la délivrance des sommes saisies, est une exécution tout aussi complète qu'une saisie suivie de la vente des meubles ; c'est tout ce qu'il était possible d'obtenir par cette voie. Si l'on m'objecte encore qu'elle a pu être ignorée, je demanderai à mon tour s'il n'est pas rigoureusement admissible, en certaines circonstances, qu'une vente de meubles, après saisie, n'ait pas été plus connue du débiteur ? Il faut que les procès finissent. Cette explication s'applique à toutes les difficultés du même genre.

Autrement vous proclamerez avec telle autorité qu'il me serait facile de citer, qu'un débiteur toujours faisant défaut, se meublant au degré de l'ordonnance, s'éloignant quand

les huissiers approchent, peut se jouer, quoi
qu'on fasse, de toutes les condamnations, et
les réduire à néant. Pas n'est besoin qu'il forme
opposition ou appel, il n'a qu'à laisser faire
et laisser passer. Pour lui, le jubilé de Moïse
recommencera tous les six mois. Ce sera comme
s'il ne devait point.

J'ai dit que la faculté de l'opposition devait
quelquefois rester sauve au débiteur, par
égard pour les scrupules de la loi, en matière
de *défaut*, et que le jugement n'en subsisterait pas moins, à cause des diligences du
créancier. On pourra trouver de la bizarrerie
dans ce système qui répute un jugemen tassez
exécuté pour le sauver de la péremption, et
qui laisse ouverte, en même temps, la voie de
l'opposition, parce qu'il n'y aurait pas eu
exécution suffisante. Mais je prie qu'on veuille
bien observer que la péremption est une
peine ; les peines doivent être restreintes :
odia restringenda ; il serait souverainement
injuste d'en grever celui qui a fait ce qui
était en son pouvoir, pour se placer hors de
tout soupçon de négligence et de mauvais
dessein. L'opposition est un moyen de défense, une faveur fondée sur ce qu'il est possible que le défendeur n'ait pas bien connu la

Art. procédure dont il a été l'objet : *favores am-
pliandi*. Rien ne me semble plus conforme
que cette règle à l'esprit de la loi; c'est l'excès
dans l'application, qui en fait une bizarrerie.

Quant aux actes d'exécution qui ferment la
voie de l'opposition, il faut qu'ils aient été
accomplis, ou qu'ils se soient annoncés avec
une éclatante publicité. Telle la vente de meubles saisis, qui se fait sur la place du
marché, après des affiches, et des avis in-
sérés dans les journaux. Telle la dénoncia-
tion d'une saisie immobilière qui a été
précédée d'un procès-verbal, dont le maire
de la commune et le greffier de la justice de
paix du canton ont reçu copie, et qui a été
transcrite, tant au bureau de la conservation
des hypothèques, qu'au greffe du tribunal où
l'adjudication doit être faite. Tel encore l'emprisonnement du débiteur, lorsqu'il y a condamnation par corps. Mais cette publicité est
exigée, uniquement comme une garantie
de la connaissance que le défaillant devra
acquérir des poursuites exercées sur ses biens
ou sur sa personne, afin qu'il puisse remonter
à leur source, si l'assignation introductive de
l'instance ne lui a pas été remise. On con-

çoit donc que d'autres actes puissent utilement
équivaloir à ceux que la loi a pris le besoin de
mettre en exemple, pour guider les juges dans
leur appréciation. Ce fut sur cette remarque de
M. le premier président de la Cour de cassa-
sation, que le Conseil d'état généralisa l'article
159, et *réputa* le jugement exécuté, toutes
les fois que serait intervenu un acte patent
que la partie condamnée n'aurait pu ignorer.
Vous vous rappelez aussi que M. Defermont
accusait l'opposition de tardiveté, et voulait
qu'elle ne fût plus reçue, « lorsqu'il serait
prouvé, *d'une manière quelconque*, que le
défaillant avait connu le *jugement* assez à
temps pour se pourvoir, avant qu'on vînt
l'exécuter; » et qu'il lui fut répondu que les
vues du projet étaient de tout point conformes
aux siennes.

Je sens que l'on va m'arrêter ici, et me dire
que ce n'est pas la connaissance *du jugement*,
mais la connaissance *de l'exécution*, qui
rend l'opposition non recevable. On a fait de
ce fragment de motifs, pris dans quelque
espèce particulière d'un arrêt, une sorte de
grand terme de proposition, qui, passant
de tribunaux en tribunaux, et de commentaires en commentaires, est devenu comme

Art. un axiome. On s'est piqué de mieux interpréter le Code, que ceux mêmes qui l'ont
rédigé.

Il faut s'entendre :

On sait que l'ordonnance de 1667 n'admettait la faculté d'opposition qu'à l'égard
des arrêts ou jugemens en dernier ressort,
rendus par défaut, pourvu qu'elle fût exercée dans la huitaine de la signification à procureur, si le défaut était faute de défendre, et
de la signification à personne au domicile, si
le défaut était faute de comparaître (1). L'appel était la seule voie ordinaire qui pût être
employée contre les jugemens par défaut,
en premier ressort, émanés des siéges inférieurs. Toutefois on pouvait y faire *rabattre* les
défauts, en se présentant à l'audience même
où ils avaient été prononcés (2).

J'ai dit comment la raison publique fit
raison de cette dangereuse restriction, admise
contre l'avis de M. le premier président de
Lamoignon, et de l'avocat-général Talon (3).
Un long usage, auquel vinrent se soumettre

(1) Titre 35, art. 3.
(2) Titre 14, art. 5.
(3) **Voyez** ci-dessus, page 45.

des ordonnances postérieures (1), conserva Art.
le droit d'opposition aux jugemens par défaut, en première instance, comme en appel.

Mais on abuse de tout. Les uns se tinrent
au délai de huit jours pour l'exercice de l'opposition. Les autres, effrayés des périls auxquels les justiciables étaient exposés par la
négligence ou la prévarication d'un officier
ministériel, voulurent introduire une exception en faveur des défauts, faute de *comparoir*,
et reculer jusqu'à trente années le terme de
l'opposition. D'autres encore imaginèrent une
faculté d'appel, après l'expiration du délai
donné pour l'opposition, lequel appel se
convertissait en opposition, *et l'on revenait
plaider sur icelle devers les juges du défaut.*

Cette fois, l'usage ne fut point constant,
général et uniforme; il ne fit de l'ordonnance
qu'une de ces lois dormantes qui se réveillent
çà et là, pour venir troubler la fausse sécurité des plaideurs. A Toulouse, à Bordeaux,
à Grenoble, à Douai, au grand Conseil,

(1) Voyez la déclaration du 17 février 1688, concernant la forme de procéder dans les élections, etc.,
art. 8; et les lettres patentes du 18 juin 1769, portant
règlement pour l'administration de la justice en Nor-
mandie, tit. 2, art. 10.

ART.

on observait strictement le délai de huitaine, pour l'opposition à tous les jugemens par défaut. A Paris et dans les autres
parlemens, la jurisprudence n'était point aussi
invariable que l'ont dit Jousse (1) et Denisart (2), quant à la prorogation jusqu'à
trente ans (3).

La loi du 27 mars 1791 ayant ordonné
que l'on continuerait de se conformer à l'ordonnance de 1667 et règlemens postérieurs,
en attendant la rédaction d'un Code de procédure, la Cour suprême a cassé tous les jugemens qui, dans cet entre-temps, avaient
admis des oppositions après la huitaine de la
signification des défauts (4).

Or l'ajournement ayant pu être *soufflé*,
celui contre lequel le jugement avait été rendu
en ignorait souvent l'existence.

Et comme il n'était pas plus difficile de
souffler la signification du jugement, les huit
jours qu'elle faisait courir, pendant lesquels

_____

(1) Sur l'art. 3 du tit. 35 de l'ordonnance.

(2) *V° Opposition.*

(3) Voyez le *dict.* de Brillon, *v° opposition*, n° 1.

(4) Voyez entre autres un arrêt tout récent, dans le
Journal du Palais, t. 3 de 1832, p. 113.

le condamné devait s'opposer, s'écoulaient Art.
bientôt, sans qu'il fût plus instruit de ce qui
s'était passé ; et c'en était fait de son droit
d'opposition.

C'est à quoi le Code a voulu obvier.

Trouver le moyen de s'assurer que le jugement a été connu du défendeur, tel était le
problème à résoudre ; car à qui connaît le
jugement, l'opposition est facile.

Donc il suffit, dans le nouveau système,
que le jugement soit indubitablement connu,
pour que l'opposition doive être faite.

Cependant on insistera, on me renverra
au texte qui veut que l'opposition soit recevable jusqu'à l'exécution du jugement, et qui
répute le jugement exécuté, lorsque les meubles saisis ont été vendus, ou la saisie immobilière dénoncée, ou la contrainte par
corps exercée, ou lorsqu'il y a eu quelque
acte duquel il résulte nécessairement que
l'*exécution du jugement* a été connue de la
partie défaillante ; et l'on me répétera sans
cesse que ce n'est pas le jugement qui doit être
nécessairement connu, mais son exécution.

Je vais tâcher de répondre, et je prie qu'on
veuille bien me pardonner les longueurs et
les redites que je ne peux guère éviter dans
une semblable discussion.

Art.   Des significations, des commandemens faits
en vertu du jugement, et sur lesquels il serait
écrit qu'ils ont été laissés *en parlant* à la personne condamnée elle-même, ne suffiraient
point pour que la connaissance du jugement
lui soit réputée acquise. Puisque la loi admet
comme possibles l'infidélité ou l'inexactitude
d'un huissier, en ce qui a trait à la remise des
exploits, elle n'a pas dû être arrêtée dans la
combinaison de ses principes réparateurs,
par une mention qui peut être tout aussi men-
songère que les autres énonciations. Il fallait
absolument quelque chose de plus sûr, de
plus patent, comme les placards d'une saisie;
de plus retentissant, comme le cri d'une vente
publique; ou quelque acte émané du défendeur, comme un acquiescement, une protestation, une déclaration quelconque.

Mais c'est toujours en vue de la connaissance du jugement que sont indiquées ces
mesures ou ces déclarations, dont l'efficacité
équivaut à celle d'une véritable exécution.

C'est-à-dire, en résumé, que l'obligation
de former opposition au jugement commence,
dès qu'il apparaît que son existence ne peut
plus être ignorée du défaillant; que celui-ci
est réputé ne pouvoir plus l'ignorer, quand

l'exécution se consomme, et même aupa- ART.
ravant, dès qu'il intervient pour arrêter les
poursuites qui le menacent.

L'exécution est un exemple, une démonstration du degré de certitude requise pour
que le jugement soit considéré comme connu.

Le rapporteur du projet, M. Treilhard,
l'entendait bien ainsi, lorsque, expliquant
au Conseil d'état l'emploi de ce mot *exécution*,
il disait : L'article se contente d'un acte quelconque, que la partie condamnée n'ait pu
ignorer, et qui l'ait avertie de L'EXISTENCE *du
jugement.* Et si l'on se reporte aux observations de M. Defermont qui s'exprimait dans les
mêmes termes, n'est-on pas tenté de croire
que c'est par une faute de copiste qu'on lit
dans la dernière partie de l'article 159, *l'exécution du jugement*, au lieu de *l'existence du
jugement ?*

Quelle que soit l'expression, elle aura assez de
transparence pour laisser voir le vrai sens de
la loi, et l'accord parfait de toutes ses parties
se résout alors en un système raisonnable.
Vous allez voir que ce vrai sens a entraîné,
comme à leur insu, les esprits qui se sont
le plus dévotieusement attachés à la nécessité
d'*une exécution connue.*

M. Merlin est de ce nombre. Il a répété en

ART. plusieurs endroits de son article *Péremp-tion* (1) : « Ce n'est pas de l'existence du jugement qu'il faut que le défaillant ait connaissance, pour qu'il ne soit plus recevable à y former opposition ; c'est, comme l'a dit la Cour de cassation dans un arrêt du 18 avril 1811, de son exécution même. » Cependant il examine plus loin la singulière question de savoir si le jugement rendu contre un défendeur *qui n'a point constitué d'avoué*, mais qui s'est présenté à l'audience, sans plaider, ni conclure, soit parce qu'il ne lui était pas permis de le faire, n'étant point assisté d'un officier ministériel, soit parce qu'il s'y est refusé, est un jugement sujet à péremption, faute d'exécution dans les six mois, ou, ce qui rentre dans le même principe, un jugement attaquable par opposition, jusqu'à ce qu'il ait été exécuté.

M. Merlin n'hésite pas à se prononcer pour la négative. Il commence par reconnaître que c'est un véritable jugement par défaut *faute de constitution d'avoué*.

---

(1) *Répert.*, t. 17, p. 357, et aux mots *opposition à un jugement par défaut*, *ibid.*, p. 230.

Puis il ajoute : « Qu'importe que cette Art. comparution soit illégale ? Tout illégale qu'elle est, elle n'en est pas moins constante ; elle n'en prouve pas moins invinciblement que le défendeur a eu connaissance de l'assignation qui a précédé le jugement par défaut, et par conséquent elle n'en fait pas moins taire la présomption de droit, sur laquelle la disposition de l'article 156 repose tout entière.

» Qu'importe encore que la connaissance *de l'existence du jugement par défaut* ne suffise pas, si elle n'est accompagnée de celle de son exécution, pour faire cesser l'application de l'article 156 ? Ici le défendeur n'a pas eu seulement connaissance *du jugement par défaut* qui a été rendu en sa présence, il a encore prouvé de la manière la moins équivoque, par sa comparution personnelle, qu'il avait connaissance *de l'assignation ;* et, encore une fois, c'est uniquement *sur la présomption de l'ignorance de l'assignation* que se fonde l'article 156 (1). »

Ce raisonnement est parfaitement juste. Dès qu'il y a preuve que l'assignation a été reçue, il n'a pas été possible d'ignorer qu'un

_____

(1) *Répert.*, t. 17, p. 379.

Art. jugement a dû s'ensuivre. Ainsi, lorsque le défaillant a constitué un avoué, signe non équivoque de la remise exacte de l'assignation, le délai de l'opposition court de la signification du jugement à cet avoué, et ne dure que huit jours. C'est que, l'exécution n'étant requise que comme une garantie de la connaissance du jugement, il eût été d'une trop bénigne sollicitude de proroger alors la faculté de réclamer, jusqu'à l'*exécution connue* d'un jugement *déjà connu*.

Un jugement est signifié avec commandement; le défaillant y répond par une protestation contre les poursuites dont il est menacé, et qui par conséquent ne sont pas encore entamées : la Cour de cassation a jugé, en pareil cas, que cette réponse, cette protestation, avaient dû produire le même effet qu'une exécution. Cependant il n'y avait même pas eu le commencement d'une exécution, et le commandement n'avait pu faire connaître que l'existence du jugement (1).

Une lettre, un aveu qui prouvaient que la partie condamnée avait eu connaissance du jugement, ont été considérés par la Cour

(1) Dalloz, *Jurisp. génér.*, t. 9, p. 350.

royale de Paris comme des *fins de non rece-* Art.
voir contre l'opposition (1).

Un particulier vend son bien, et charge
l'acquéreur de payer les frais d'un jugement
rendu contre lui, vendeur. La même Cour a
décidé qu'il n'y avait pas lieu à l'application
des règles touchant les jugemens par défaut
non exécutés, « puisque le défaillant avait eu
une connaissance bien certaine de *celui* dont
il s'agissait (2). »

Je borne là des citations qu'il me serait
facile de multiplier, et je demande la permission de redire ma conclusion.

La connaissance de l'exécution, dans l'en-
tente du Code, n'est qu'une démonstration,
un exemple régulateur, qui indique le degré
de la certitude requise pour que le jugement
soit réputé connu.

Les significations, les commandemens, et
toutes les énonciations que les huissiers peuvent y employer, ne comptent pas comme
élémens de cette certitude. Les anciens abus
ont rendu la loi soupçonneuse : elle veut que
le défaillant intervienne personnellement, et

(1) Dalloz, *Jurisp. génér.*, t. 9, p. 738.
(2) *Ibidem,* p. 740, à la note.

ART. que son intervention apparaisse par des déclarations qui lui soient propres. Alors, c'est
assez : le jugement est nécessairement aussi
connu qu'il le serait par l'exécution la plus
achevée. Ces déclarations qui parlent, qui
accèdent, ou qui résistent, manquent-elles?
Faites éclater l'exécution, et que ses der-
nières rigueurs ne permettent plus de douter
qu'enfin la partie condamnée ne soit bien
avisée de l'existence du jugement.

Je me trompe peut-être ; mais, à mon sens,
tout le système est là.

Et ne croyez pas que ce soit une vaine dispute de mots. Si l'on eût daigné descendre
un peu plus à fond dans la pensée des législateurs, on n'aurait point enseigné que des
actes d'exécution parfaitement connus du débiteur, par exemple, lorsqu'il s'est offert
pour gardien des meubles saisis à son domicile, n'en sont pas moins inefficaces, soit par
rapport à la péremption, soit par rapport au
délai de l'opposition, tant que les meubles
n'ont point été adjugés sur la place publique,
par la voix du crieur ; on n'aurait point
jugé que la capture du débiteur qui s'est évadé
quand on le conduisait en prison, n'est point
un acte d'exécution qui soit réputé *connu de*

lui, parce qu'il n'a pas été écroué sur le registre de la geôle (1); on n'aurait point décidé
qu'une opposition formée *par exploit* à un
jugement signifié avec commandement, laquelle n'a pas été réitérée *par requête*, ainsi
que la loi l'exige, laisse au défaillant la faculté de s'opposer encore jusqu'à exécution
complète (2).

Sur cette dernière opinion, qu'il partage,
M. Merlin revient à dire, en blâmant les arrêts
contraires, que le délai de l'opposition ne
court pas du jour où il est constaté, par un
acte quelconque émané de la partie condamnée, qu'elle a eu connaissance du jugement,
mais du jour où elle a indubitablement connu
l'exécution. Puis il ajoute : « Qu'importe
qu'avant que ce délai commence à courir,
cette partie forme opposition, sans remplir les
formalités prescrites par la loi? Elle fait un
acte nul; mais un acte nul, fait à une époque
où il n'était pas nécessaire, ôte-t-il le droit de
le réitérer en temps utile? La preuve qu'il
laisse ce droit parfaitement entier, c'est qu'on

(1) Arrêt de Colmar, du 16 décembre 1812. Dalloz,
Jurisp. génér., t. 9, p. 739.

(2) *Ibidem*, p. 737.

Art. ne doute pas qu'un acte d'appel, nul dans la forme, ne puisse être réitéré, jusqu'à ce que le délai fatal soit expiré. Et sous quel prétexte voudrait-on que la loi fût plus sévère en matière d'opposition, qu'elle ne l'est en matière d'appel (1)? »

Le prétexte, ou, pour mieux dire, le motif n'est pas difficile à trouver : c'est qu'il n'y a pas de parité à établir entre l'appel et l'opposition, pour ce qui concerne la nature et l'objet des délais.

L'opposition est recevable jusqu'au moment où le défendeur ne peut plus ignorer qu'il a été assigné et condamné ; ce moment est assurément venu quand l'exécution se fait.

Mais pour l'appel, le délai est tout-à-fait en dehors des probabilités relatives à la con-
443. naissance du jugement ; car il est défendu d'appeler d'un jugement par défaut, tant que l'opposition est recevable, et le jugement est toujours réputé connu aussitôt que l'opposition cesse d'être recevable.

Le délai de l'appel est de trois mois pour les jugemens par défaut, comme pour les ju-

(1) *Répert.*, tom. 17, v^{is} *Opposition à un jugement*, pag. 230.

gemens contradictoires; il court, pour les uns ет
et pour les autres, du jour où ils ont été si-
gnifiés.

Un appel nul peut être réitéré pendant tout
le cours du délai, parce que la faculté d'appeler ne se mesure point sur les divers degrés
de la connaissance que l'appelant a pu, ou dû
acquérir, relativement aux poursuites dont il
a été l'objet. Les trois mois sont un délai fixe,
calculé d'après le temps moralement nécessaire pour délibérer sur les chances de l'appel, pour faire et refaire, au besoin, tous les
actes et toutes les démarches qui s'y rapportent.

L'acte d'appel est signifié comme un ajour- 456.
nement; il en contient toutes les formalités.

Mais l'opposition peut être formée par une
simple déclaration sur les commandemens,
ou sur les actes d'exécution que viennent faire 162.
les huissiers en vertu du jugement. Exiger une
procédure régulière, des notifications, des
requêtes dans cet instant de surprise et d'a-
larme (l'ignorance des poursuites antérieures
étant légalement présumable), c'eût été exposer la partie condamnée à subir toutes les
rigueurs d'une exécution complète, avant
qu'elle ait pu faire formuler son recours par
un officier ministériel.

Art.

Ce que le Code permet pour arrêter l'exécution, il le permet aussi pour la prévenir,
en supposant que le jugement a été connu
plus tôt. Mais, au lieu de déclarer l'opposition
sur le procès-verbal d'une saisie que l'on ne
veut pas attendre, on prend alors le parti de
la faire signifier par *exploit,* ou, pour parler
le langage de la loi, *par un acte extrajudi-*
162. *ciaire* (1).

Toutefois, dans l'un comme dans l'autre
cas, ce n'est qu'une ébauche d'opposition, si
je puis ainsi m'exprimer ; il faut que dans
les huit jours qui suivent, l'opposition soit
réitérée en forme de requête, et signifiée à
162. l'adversaire par acte d'avoué à avoué ; d'où
l'on inférera nécessairement que la requête
doit contenir une constitution d'avoué. C'est
ainsi que l'opposant rentre dans l'instance,
et qu'il vient, en proposant ses défenses,
remplir le vide que son défaut de comparution
y avait laissé.

(1) Les actes extrajudiciaires sont des exploits qui
n'appartiennent pas à une instance introduite devant un
tribunal. Tels sont les commandemens, les sommations
et les oppositions qui ne contiennent point d'assignation.

Que pendant ces huit jours il puisse réité- Art.
rer, et réitérer encore son opposition, si une
première réitération se trouve irrégulière et
nulle, ce point n'est pas contestable. Mais
après les huit jours, il y a déchéance *de plein
droit*, comme pour l'appel après les trois
mois. Voilà tout ce qu'il y a de commun
entre l'opposition et l'appel.

Ces explications me ramènent à la question
sur laquelle je rapportais tout à l'heure l'avis
de M. Merlin. Je le répète en toute humilité :
il ne m'est pas donné de comprendre comment, après avoir spontanément déclaré par
une opposition qu'il connaissait fort bien le
jugement rendu contre lui, un défaillant peut
impunément négliger de régulariser cette
opposition, braver les déchéances, se jouer
des délais de la loi, et attendre le jour des
contraintes, pour s'opposer de nouveau,
comme s'il était une victime de la clandestinité.

On me permettra bien d'ajouter que cette
question n'a pas toujours reçu de M. Merlin
une solution aussi tranchée que celle qu'il lui
donne aujourd'hui. Voyez sa consultation
délibérée à Bruxelles, le 27 février 1822 ; elle
se trouve au Recueil de Sirey, t. **22**, p. **249**

ART. de la 2ᵉ partie. Il y avait, dans l'espèce, des faits, des considérations subsidiaires, dont le savant jurisconsulte a su tirer un excellent parti, mais il a commencé par mettre en lumière l'esprit de la loi et la pureté des principes sur lesquels repose le système nouveau : c'est à cette partie de son travail que je vais m'attacher.

Vous y remarquerez comment M. Merlin s'appliquait alors à dégager sa discussion de l'influence de cet arrêt de la Cour de cassation, du 18 avril 1811, qu'il a si souvent invoqué depuis (1).

C'est un arrêt de rejet, disait-il; « mais, d'une part, un arrêt de rejet, surtout lorsqu'il est émané de la section des requêtes, n'a pas le même poids qu'un arrêt de cassation émané de la section civile. En général, un arrêt qui casse par un moyen quelconque, prouve beaucoup plus en faveur de ce moyen, que ne prouve *contre* un arrêt de rejet. Les arrêts de rejet sont souvent déterminés par des considérations particulières que la sagesse des magistrats les oblige d'admettre, au lieu que les arrêts de cassation ne sont jamais que

(1) Dans le *Répert.*, t. 17, p. 231, 357, etc.

l'application exacte et rigoureuse de la loi. Art. D'une autre part, il existe des arrêts de Cours d'appel qui ont adopté un système contraire à celui de l'arrêt de la section des requêtes, et contre lesquels *on n'a pas osé* se pourvoir. Tels sont, par exemple, les deux arrêts suivans..... »

Ces deux arrêts, rendus par la Cour de Trèves, sont précisément ceux que M. Merlin critique au tome 17 de son Répertoire, *loco citato*.

Dans sa consultation, il les opposait à l'arrêt de rejet du 18 avril 1811, et il disait : « On peut douter si un recours en cassation, contre ces arrêts, aurait été accueilli plutôt que rejeté. »

Au Répertoire, il dit : « Ces deux arrêts auraient-ils échappé à la cassation, s'ils avaient été attaqués? Je ne le crois pas. »

Dans sa consultation, M. Merlin citait comme la plus sincère expression de l'esprit de la loi, ce passage de M. Pigeau :

« La simple signification du jugement ne suffit pas pour faire courir le délai fatal de l'opposition. On a craint que, soit prévarication de l'huissier, soit négligence des personnes qui sont chez le condamné, et qui

ART. reçoivent la signification en son absence, cette
signification ne parvînt pas à sa connaissance,
et que par le fait d'autrui il ne fût dépouillé
de ses droits. C'est pour cela qu'on a établi
qu'il ne serait déchu du droit de former opposition, qu'après l'exécution ; parce que,
par les différens actes qui composent cette
exécution, il est tellement averti *de l'existence
du jugement*, qu'il ne peut plus prétexter
l'avoir ignoré, ni avoir été surpris (1). »

Enfin, demandez à M. Merlin pourquoi
l'inexécution, dans les six mois, du jugement
par défaut qui rejette l'opposition à un précédent jugement de même nature, ne le fait
pas tomber en péremption? Il vous répondra
« que le principe de la péremption repose
uniquement sur la présomption que le défaillant *a été condamné d'après des poursuites
qui lui avaient été célées frauduleusement ;* que
cette présomption ne peut être applicable au
jugement par défaut portant débouté d'opposition : car, former opposition à un jugement
par défaut, c'est annoncer, de la manière la
moins équivoque, que l'on a connaissance
des poursuites qui l'ont précédé, et *d'après*

(1) Traité de la procéd. civ., t. 1er, p. 543.

lesquelles il a été rendu (1). » Ce qui signifie, Anr. en termes un peu plus précis, que l'on connaît l'existence du jugement.

Et la Cour de cassation elle-même, jugeant la même question, vous dira « que la péremption établie par l'article 156 du Code de procédure doit être restreinte à son cas; que, par conséquent, étant spécialement introduite pour les jugemens de défaut rendus contre les parties qui, n'ayant pas constitué d'avoué, peuvent ne pas avoir connaissance de l'objet de la contestation, elle est inapplicable aux *déboutés* d'opposition, dans lesquels l'opposant *a nécessairement connu* L'OBJET *de l'opposition* (2). »

Or, qu'est-ce que *l'objet* de l'opposition, si ce n'est le jugement auquel on s'oppose?

Vous le voyez : il y a dans la raison de la loi une sorte de lueur instinctive qui s'échappe de temps en temps du fond des systèmes, et qui finira par s'élever au-dessus de cette métaphysique nuageuse, dans laquelle les textes s'obscurcissent. Si le sens de l'article 159 devait rester tel qu'on a voulu nous le faire,

(1) *Répert.*, t. 17, p. 388.
(2) *Ibidem*, p. 389.

Art. il faudrait féliciter les législateurs de Genève de l'avoir banni de leur Code (1).

Je n'ai plus qu'un mot à ajouter. M. Treilhard disait au corps législatif, en exposant le système de l'article 159 : « Ainsi disparaîtra pour toujours la possibilité d'une procédure frauduleuse et clandestine, dont l'effet était

(1) « Nous n'avons pas accueilli, dit M. Bellot, page 100, les dispositions nouvelles que le Code de procédure a introduites en faveur des défaillans : l'expérience n'a point réalisé les avantages que les rédacteurs s'en étaient promis ; elle a prouvé surtout que cette disposition, qui répute non avenus les jugemens par défaut, s'ils n'ont pas été exécutés dans les six mois de leur obtention, était aussi onéreuse au créancier que préjudiciable au débiteur. »

La jonction du défaut au fond de la cause, et la réassignation, dans le cas où, de plusieurs parties assignées, les unes comparaissent et les autres ne comparaissent point, n'ont pas obtenu plus de faveur à Genève. Le jugement y est *contradictoire* à l'égard de ceux qui se sont présentés et défendus, et *par défaut* à l'égard des défaillans. Ceux-ci peuvent former opposition ; mais cette opposition profite aux premiers, 1° si elle se fonde sur des moyens communs, inconnus à ceux qui ont comparu, ou dont la preuve dépendait des défaillans ; 2° si l'objet de la condamnation est indivisible. Dans le premier cas, on cède à l'évidence de la justice ; dans le second, à la force de la nécessité.

d'égorger un citoyen qui ne pouvait se dé- Art.
fendre. »

Je prie qu'on me réponde : la procédure est-
elle encore frauduleuse et clandestine, et le
citoyen court-il encore le risque d'être égorgé
sans pouvoir se défendre, lorsqu'il a formé
opposition au jugement, par acte extra judiciaire? Et si après l'avoir ainsi formée, il ne
la régularise pas, à qui la faute? Par quelle
faveur inconcevable sera-t-il hors des atteintes
du délai et de la déchéance?

Je passe aux jugemens par défaut *faute de
défendre.*

Il semble, au premier aspect, que rien ne
soit plus facile que de les distinguer d'avec *les
défauts faute de comparaître.*

L'absence de celui qui ne se présente pas,
et que personne ne représente, est un fait
tout extérieur, tout absolu : ce fait ne se prête
à aucune discussion; il porte en soi sa démonstration, sa preuve, sa vérité.

La dénomination du défaut *faute de défendre*
ne s'applique qu'au jugement encouru par
une partie qui, ayant d'abord constaté sa
comparution dans la cause par une constitu-

Art. tion d'avoué, a déserté l'audience, et ne s'est pas défendue.

Cette différence entre comparaître et ne comparaître pas, c'est-à-dire, en d'autres termes, cette différence entre le défaut pris *contre la partie,* et le défaut pris *contre l'avoué,* devrait être assez tranchée pour rendre la confusion impossible. Il y a pourtant confusion, et il y en aura tout aussi long-temps qu'on se jettera en dehors des raisons de la loi, pour commenter et pour juger.

Voici, par exemple, une question qui peut s'offrir tous les jours : Lorsque l'avoué constitué par une partie déclare ne *pouvoir* ou ne *vouloir* occuper pour elle, le jugement qui survient est-il un défaut *faute de comparaître,* ou un défaut *faute de défendre?* La dissidence est grande parmi les auteurs et parmi les Cours. Plusieurs arrêts ont décidé qu'il n'y avait point constitution d'avoué, lorsque le mandat *ad lites* n'était pas accepté, soit expressément, soit tacitement, et que le défaut en ce cas était *faute de comparution* (1). C'est

(1) Voyez les arrêts de Nîmes, de Limoges et de Colmar, *Journal des Avoués,* t. 15, p. 303 et 304.

l'avis de M. Carré (1); et M. Dalloz, qui l'a- Art.
dopte, demande comment on pourrait prétendre qu'il y a un avoué dans la cause, si
l'avoué constitué déclare ne vouloir point accepter la constitution (2)?

Il faut répondre qu'il y a toujours un avoué
dans la cause, tant que celui qui a été constitué n'est ni révoqué, ni suspendu, ni destitué, ni démissionnaire, ni mort.

J'ai peut-être trop généralisé ma pensée,
en disant, au chapitre III de mon second volume (3), que le mandat *ad lites* se contracte
par le consentement réciproque du client qui
le donne, et de l'avoué qui *l'accepte ;* car,
sous ce rapport et sous beaucoup d'autres, il
n'en est pas du mandat *ad lites*, comme du
mandat *ad negotia* (4). Un avoué a bien le
droit de déclarer au plaideur qui l'a constitué,
ou pour lequel il s'est constitué, qu'il ne
peut, ou qu'il ne veut plus le représenter ; de
même, le plaideur n'est point enchaîné à son
avoué jusqu'aux derniers actes du procès ; il

(1) Lois de la proc. , t. 1 , p. 363.
(2) *Jurisp. génér.*, t. 9, p. 718 et 719.
(3) Page 261.
(4) Pothier, *Traité du mandat*, n° 142.

ART. est toujours libre de lui retirer ses pièces et sa confiance. Mais si les fonctions de l'avoué semblent finies alors, quant au client, elles ne le seront, par rapport à la partie adverse, qu'au moment où la constitution d'un nouvel

75. avoué lui aura été notifiée avec la révocation du premier (1).

Il y a donc erreur dans le système adopté par M. Carré, et reproduit par M. Dalloz.

Pour en juger mieux encore, voyons ses conséquences.

De ce système, qui range parmi les défauts *faute de comparaître*, la sentence rendue contre un plaideur que son avoué déclare méconnaître et répudier, il résulte nécessairement que cette sentence devra être périmée, si elle n'est pas exécutée dans les six mois de son obtention.

Or, vous savez pour quel mal le législateur a imaginé le remède de la péremption : c'est parce qu'il était trop souvent arrivé, autrefois, qu'un huissier prévaricateur avait manqué de donner copie de l'ajournement à la personne

(1) On trouvera plus loin d'autres explications sur ce point, au Chapitre *des reprises d'instances et constitution de nouvel avoué.*

qui paraissait avoir été assignée; c'est parce que cette personne, ignorant le jugement qui s'était ensuivi, puisqu'il n'avait pas été plus difficile de lui *souffler* la signification du jugement, que de lui *souffler* l'assignation, se trouvait tout-à-coup écrasée, au sein d'une sécurité profonde, sous le poids d'une procédure frauduleuse et clandestine, dont elle n'avait pas même soupçonné l'existence (1).

Maintenant, je prie qu'on me dise s'il peut y avoir rien de plus abusivement détourné, que cette application de l'article 156 au profit d'un demandeur, de qui l'avoué, après sa constitution dans l'exploit introductif de l'instance, déclare ne point accepter le mandat? Est-ce qu'en pareil cas il y a lieu de craindre la clandestinité de l'action? Ce demandeur peut-il ignorer qu'il a formé sa demande? Ne doit-il pas veiller à ce que l'avoué qu'il a choisi remplisse sa mission? Ne doit-il pas se tenir prêt à le remplacer au besoin?

Supposerez-vous aussi qu'un défendeur a été la triste victime de la fraude et de la sur-

---

(1) Voyez ci-dessus l'exposé des motifs, par M. Treilhard, pag. 49 et 5o.

Aʀᴛ. prise, parce que l'avoué qui s'était présenté pour lui, a manifesté depuis l'intention de se retirer de la cause? Traiterez-vous ce défendeur comme une partie à laquelle l'assignation a pu être *soufflée?* Vous avez la certitude légale du contraire; car, s'il n'eût pas reçu son assignation, il n'aurait pu la remettre à un avoué, et celui-ci n'aurait pu se constituer tout d'abord.

Cette doctrine étrange, qui subordonne au refus, ou au déport de l'avoué *constitué*, la nature et les effets d'un jugement par défaut, serait une découverte fort précieuse pour les gens qui, désespérant de gagner leur procès, veulent au moins gagner du temps. Ils pourraient, l'avoué aidant, prolonger la faculté de s'opposer jusqu'au terme de l'exécution, comme les défaillans *faute de comparaître,* au lieu de se resserrer dans le délai trop étroit de huitaine, que comporte l'opposition aux défauts *faute de défendre et conclure.*

Telle n'est pas, heureusement, la jurisprudence de la Cour suprême et de la plus grande partie des Cours royales (1); telle n'est

(1) Voyez le *Journal des Avoués*, t. 15, p. 3o5 et suivantes.

pas surtout l'opinion de M. Merlin (1), de Art. M. Favard (2), et de M. Pigeau (3).

L'ordonnance de 1667 permettait aux juges de *rabattre* les défauts et congés, en la même audience où ils avaient été prononcés, si, avant la fin de cette audience, le défaillant se présentait et demandait que la cause fût réglée contradictoirement (4).

Cette disposition avait été empruntée des Romains : *Succurri oportet reo qui citatus non respondit, et in quem pronuntiatum est, si confestim pro tribunali prætorem adhuc sedentem adierit.* C'était une conséquence de leurs formes de procéder ; ils présumaient que celui qui ne comparaissait pas avait pu ne point entendre d'abord la voix du crieur : *Nam existimari potest non suâ culpâ, sed parùm exauditâ voce præconis defuisse* (5).

(1) *Répertoire*, v^{is} *Opposition à un jugement*, tom. 8, pag. 761, et tom. 17, p. 233 et suiv.

(2) *Répertoire*, t. 3, p. 164.

(3) *Commentaire*, t. 1, p. 350.

(4) Tit. 14, art. 5. *Rabattre* un défaut, c'est l'annuler, le mettre à néant, et replacer la cause et les parties dans le même état où elles étaient avant que le défaut eût été requis et obtenu.

(5) *L.* 7, *ff. de in integ. restit.*

Art.   Suivant les vieilles coutumes de France, les bonnes gens qui avaient été semons et qui n'étaient pas venus à l'heure que la Cour leur avait dite, étaient reçus à se faire relever *de la défaute*, jusqu'au coucher du soleil, « ou au moins avant que les estoiles fussent apparrans, ains que les estoiles vinssent à percer au ciel (1); car l'œuvre de la présentation durait jusques à soleil escoussant, et qui dou soleil luisant se présentait, il ne pouvait être en défaute du jour (2). »

Ces traditions pouvaient convenir au système incomplet des lois de ce temps-là, lesquelles furent faites à peu près comme les premières villes furent bâties (3). L'arbitraire des juges suppléait au manque d'une prévision plus étendue. Lorsqu'on voulut y mettre quelque régularité, les usages se changèrent en édits et en ordonnances ; ainsi le droit de rabattre les défauts se trouva consacré.

Le Code de procédure n'en parle pas, ce qui n'empêche point qu'il n'y ait des arrêts qui jugent, et, par conséquent, des livres

(1) Assises de Jérusalem, chap. 50 et suiv.
(2) Beaumanoir, chap. 2.
(3) J'ai déjà dit cela. Voyez mon prem. vol. , p. 32.

qui enseignent que *c'est un ancien usage dont* A<small>RT</small>. *l'exercice est encore confié à la prudence et à la sagesse des magistrats ;* et qu'un tribunal a le pouvoir de rabattre le défaut, lors même que celui qui vient de l'obtenir n'y consent pas.

Le jugement qui donne défaut, aussitôt qu'il a été prononcé, n'appartient plus aux juges ; ils ne peuvent le rétracter, si ce n'est sur une opposition signifiée dans les formes et dans les délais que la loi indique (1).

S'il était vrai que les anciens usages eussent conservé leur force et leur vigueur, dans celles de leurs dispositions qui n'ont pas été formellement prohibées par le Code, je ne comprends plus le motif de l'article 1041, lequel abroge toutes lois, *coutumes*, USAGES et règlemens relatifs à la procédure civile, et je ne puis me rassurer sur le maintien de la loi nouvelle, quand la jurisprudence conspire avec les anciens usages.

Quelquefois il arrive, par diverses circonstances, que le caractère des jugemens par défaut, *faute de défendre et de conclure,*

(1) Voyez le *Répertoire* de M. Favard, t. 3, p. 166.

ART. offre assez d'indécision, pour que leurs nuances paraissent se fondre dans celles des jugemens *contradictoires*.

Le plus sûr moyen de les reconnaître, c'est de se tenir au texte de la loi :

149. « Si l'avoué constitué ne se présente pas pour l'audience au jour indiqué, il sera donné défaut. »

Remarquez toutefois que *se présenter à l'audience*, dans le sens de cet article, ce n'est pas simplement faire l'acte d'une comparution matérielle, c'est venir y prendre les conclusions du procès (1).

Voici des exemples qui serviront d'explications :

Un avoué a fourni des écritures dans l'instruction d'une cause; mais à l'audience où cette cause doit être appelée, il ne se lève pas pour prendre ses conclusions, il ne fait pas plaider. Le jugement qui survient est par défaut contre lui. La défense n'avait été qu'ébauchée; des empêchemens vrais, des motifs légitimes, des accidens imprévus n'ont peut-être pas permis d'en faire davantage. La voie de l'opposition reste ouverte.

(1) *Questions de Droit* de M. Merlin, *verbo Oppos. aux jugem. par défaut*, § 6.

L'avoué est venu à l'audience, mais il n'y
a proposé que des moyens d'incompétence ou
de nullité, et il a refusé de conclure sur le
fond du procès. Les juges rejettent l'incompétence ou la nullité, puis ils statuent sur le
fond : leur jugement est contradictoire quant
à la première partie, et par défaut quant à la
seconde.

Les avoués ont pris respectivement leurs
conclusions à l'audience sur le fond. Le tribunal, avant de faire droit, ordonne une
preuve, une vérification quelconque. Faudra-t-il, cette vérification faite, que les conclusions soient renouvelées pour que le jugement définitif soit contradictoire? Assurément;
sinon les juges devraient donner défaut contre
celui des plaideurs dont les conclusions n'auraient pas été reprises. C'est que l'effet d'un
interlocutoire peut modifier la contestation,
lui donner une face toute différente, et que
les conclusions primitives ne se trouvent plus
agencées dans la nouvelle direction de l'affaire (1).

On concevra sans peine que la question

_____

(1) Arrêt de cassation du 14 novembre 1820. *Quest.
de Droit*, v° *Opposition aux jugemens par défaut*, § 6.

ART. doit être autrement décidée, si, après les conclusions, le tribunal n'a fait que continuer
la cause à une autre audience. Par ce renvoi,
l'état du litige ne subit aucun changement,
aucune modification (1), et le débat se doit
terminer tout aussi *contradictoirement* qu'il
avait été engagé, quand bien même l'avoué
s'abstiendrait de reparaître ?

C'est ici le lieu de rappeler une disposition
du règlement du 30 mars 1808.

On y lit, articles 28 et 69 : « Le premier
jour d'audience de chaque semaine, le président fera appeler un certain nombre de causes, dans lesquelles il fera prendre les conclusions, en indiquant un jour pour plaider.
S'il y a des obstacles à ce que les défenseurs,
ou l'un d'eux, se trouvent au jour indiqué,
ils devront en faire sur-le-champ l'observation, et si elles se trouvent fondées, il sera
indiqué un autre jour. »

Notez que déjà l'article 343 du Code de

____

(1) A moins que l'audience à laquelle la cause a été
continuée, ne se trouve pas entièrement composée des
mêmes juges. Dans ce cas, les avoués devraient reprendre leurs conclusions, et si l'un d'eux s'y refusait,
ou ne venait pas, le jugement serait par défaut. Voyez
t. II, chap. 7, p. 380.

procédure avait dit : « La plaidoirie sera réputée commencée, quand les conclusions
auront été contradictoirement prises à l'audience. »

Il résulte assez clairement de cette combinaison, que les affaires liées par les conclusions prises de part et d'autre à l'audience,
avant le jugement définitif, ne peuvent plus
recevoir qu'une décision *contradictoire*. Ne
serait-il pas d'une ridicule inutilité, de faire
prendre les conclusions à l'appel de la cause,
et de fixer le jour où elle sera plaidée, si
l'une des parties pouvait se jouer de ces préliminaires, déserter l'audience quand les débats sont entamés, laisser rendre un défaut,
sauf à revenir par opposition, priver son adversaire des avantages d'un jugement contradictoire, et prolonger au-delà du terme indiqué la durée du procès?

En deux mots :

Tout ce qui aura été dit ou écrit durant
l'instruction, n'empêchera point que le jugement ne soit par *défaut*, si l'avoué du défendeur ne s'est point présenté pour conclure
à l'audience (1).

_____

(1) Excepté lorsque le défendeur avoue la dette, ou

ART.

342.

Les conclusions ont-elles été prises de part et d'autre? Vous supposerez, si vous le voulez, que l'avoué ou le client se sont depuis refusés à plaider, vous les supposerez absens, malades, morts; le jugement qui s'est ensuivi n'en sera pas moins un jugement contradictoire.

Je dois ajouter que c'est la loi seule qui fixe le véritable caractère d'un jugement, et qu'il ne dépend ni des parties, ni des tribunaux, en lui donnant telle ou telle qualification, de changer les conséquences qu'il doit produire selon sa nature (1).

Il me reste à parler de la forme et du délai des oppositions.

On sait déjà que l'opposition à un jugement par défaut, *faute de comparaître*, peut être faite, ou par une déclaration sur les actes

---

lorsqu'il déclare n'avouer ni ne contester la demande, et s'en rapporter à la sagesse du tribunal. Le demandeur peut demander acte de ces déclarations, qui n'ont pas besoin d'être formulées en conclusions. C'est en ce sens qu'il faut entendre ce que j'ai dit dans mon second volume, p. 521.

(1) Arrêt de la Cour de cassation du 22 mars 1825. *Sirey*, 26—1—198.

d'exécution, afin de les arrêter, ou par un acte extrajudiciaire, afin de les prévenir (1). Mais il est toujours indispensable que, dans le huit jours qui la suivent, cette démonstration soit réitérée en forme de requête, signifiée d'avoué à avoué. Par conséquent un avoué devra se constituer dans cette requête, car jusque-là l'opposant n'avait pas été représenté ; et l'avoué de la partie qui avait obtenu le défaut sera tenu d'occuper pour elle sur l'opposition (2).

La cause n'avait reçu qu'une décision provisoire, tant que durait le délai de recours. Voici venir l'opposition ; elle remet les choses dans l'état où elles étaient avant le jugement par défaut. Cette comparution, dont la loi excuse la tardiveté, pourvu qu'elle n'excède pas les termes de grâce, n'est pas l'introduction d'un autre procès ; ce n'est, comme plus haut je l'ai fait remarquer, qu'une sorte de redressement des qualités incomplètes de l'instance, dans laquelle le défendeur se présente pour remplir le vide que son défaut y avait laissé.

Une théorie si simple et si bien accommo-

(1) Voyez ci-dessus, p. 101 et 102.
(2) Arrêt de la Cour de cassation du 1er août 1810.

dée à la nature des choses aurait dû être
généralement comprise ; elle ne l'a point été.
À quoi bon cette requête de réitération, a-t-
on dit, si, formant mon opposition par un
exploit, je l'ai déjà armée d'une constitution
d'avoué, et d'un ajournement pour procéder
devant le tribunal? Et des arrêts ont jugé
que, dans ce cas, la requête était une super-
fluité (1).

On n'a donc pas vu que cette manière
d'interpréter la loi faisait deux procès pour
un? En effet, l'opposition ainsi formulée et
signifiée à la personne ou au domicile de
l'adversaire en faveur de qui le jugement par
défaut avait été prononcé, va l'obliger à constituer de nouveau son avoué sur l'ajournement que contient cette signification; c'est
une instance particulière qui s'introduit, et,
comme l'opposition fait revivre en même
temps l'instance primitive, j'ai eu raison de
dire qu'il y aura deux instances dont il faudra
provoquer la jonction. On ne doit jamais se
croire mieux avisé que la loi, *nec molli animo
eam suscipere.*

(1) Voyez notamment ceux de Nîmes, de Toulouse
et de Riom, rapportés par M. Dalloz, *Jurisp. génér.*,
t. 9, p. 716.

Le vœu du législateur se produit pourtant avec assez de clarté dans la disposition
qui a prévu les cas de décès, de démission,
et tous autres événemens, par suite desquels
la partie qui a obtenu le jugement par défaut
se trouverait privée de son avoué. Alors elle
doit en constituer un autre, et le faire connaître au défaillant, afin que celui-ci puisse
réitérer son opposition, et signifier sa requête de réitération par acte d'avoué à avoué.

Le projet du Code portait : « Si l'avoué de
la partie qui a obtenu le jugement par défaut
est décédé, on ne peut plus postuler, l'opposant sera tenu dans les délais ci-dessus (la
huitaine), de *réitérer* son opposition *par exploit*, qui en contiendra les moyens, avec
assignation à trois jours, en constitution de
nouvel avoué. »

Sur les observations de la section de législation du Tribunat, les rôles des plaideurs
furent changés. Une autre rédaction fut proposée; le conseil d'Etat l'accepta; elle compose la seconde partie de l'art. 162.

Voici ces observations :

« La section croit qu'on doit assujétir la
partie qui a obtenu le jugement par défaut à
notifier le décès de son avoué ou la cessation

Art. de ses fonctions, au défaillant, avec constitution de nouvel avoué. L'article suppose que
l'opposition est encore recevable ; il faut donc
que le demandeur, qui doit essentiellement
avoir un avoué, mette le défendeur à portée
de se défendre régulièrement.

» La section ne voit pas pourquoi ce serait
à la partie défaillante à venir s'informer si le
demandeur a toujours le même avoué.

» Aussi, dans le système de la section, le
défendeur ne viendra pas *réitérer* son opposition *par exploit, il* DEVRA *le faire par requête.* »

Me permettra-t-on de répéter que la loi
serait mieux connue et mieux appliquée, qu'il
y aurait moins de contrariété dans la jurisprudence, et plus d'accord dans la doctrine,
si l'on prenait la peine de remonter aux
sources.

Résumons :

Autrefois le défaillant signifiait une simple
opposition au jugement qui l'avait condamné;
puis, rassuré par la vertu suspensive de cette
manifestation, il attendait que son adversaire
vînt l'assigner et le pousser en avant. Le
procès recommençait sur nouveaux frais, et
le temps s'allongeait, nonobstant la vieille

maxime qui veut que tout opposant soit prêt ART.
à plaider.

Le Code a fait disparaître cet abus. Dans
la huitaine du jour où l'opposition a été annoncée, soit par une signification extrajudiciaire, soit par une déclaration sur quelque
acte d'exécution, elle doit être réitérée par
une requête contenant une constitution d'avoué et les moyens de l'opposant. Les choses
étant ainsi disposées, un simple *à venir* suffit
à l'expédition du procès.

Mais ce délai, pour la réitération, est-il
franc? Non, à moins qu'on ne veuille effacer
de la loi ces mots : DANS *la huitaine*. Vous le
voyez, il faut que la requête soit donnée en
dedans du délai, si je puis ainsi parler.
Toutefois le jour de la déclaration de l'opposition, c'est-à-dire le jour *à quo*, n'est pas
compris dans la supputation. Par exemple :
l'opposition a été déclarée le 1ᵉʳ du mois,
elle sera réitérée le 9 au plus tard, sous peine
de déchéance, laquelle est encourue de plein
droit, et sans qu'il soit nécessaire de la faire
prononcer. Quel besoin y a-t-il de recourir
aux juges, lorsqu'il ne s'agit que de compter
des jours ?

Cependant il peut arriver que le domicile

Art. de l'opposant soit considérablement éloigné
du lieu où il a été condamné, où se trouve
l'avoué qu'il doit constituer, et où sa requête
devra être signifiée à l'avoué de l'autre partie.
Évidemment le Code aurait ordonné l'impossible, si le délai de huitaine, dans ce cas, ne
recevait pas une augmentation à raison de la
distance.

Cette remarque avait été faite par la section
de législation du Tribunat : « La huitaine
fixée pour le renouvellement de l'opposition,
par requête, peut être beaucoup trop courte,
ce qui dépend de l'éloignement de la partie
du lieu où siége le tribunal ; la section désire,
pour éviter toute difficulté, que l'art. 1033,
qui est destiné à étendre les délais d'après les
distances , dénomme expressément les requêtes et oppositions mentionnées dans l'article 162. »

La difficulté ne parut pas assez sérieuse au
conseil d'État pour qu'il fût nécessaire de
s'en expliquer spécialement. L'augmentation
du délai, à raison de l'éloignement, s'est naturellement combinée avec les exigences de
l'art. 162, et ce n'est plus l'objet d'une controverse.

Sous l'empire des anciennes ordonnances,

les défaillans n'étaient pas admis à revenir par opposition à un jugement qui les avait condamnés *faute de comparoir*, s'ils ne se soumettaient à payer, sans espoir de répétition , les frais de ce jugement (1). Cela s'appelait *refonder les dépens et frais préjudiciaux;* c'était, disait-on, la peine de la contumace, parce que la *morosité* du défendeur ayant donné lieu au défaut, il ne pouvait faire rétracter le droit acquis au demandeur, qu'à la condition de supporter les dépens *frustrés* (2).

Une pareille disposition dans le Code de procédure eût été un non-sens. Le droit d'opposition, avec toute sa latitude et toutes ses garanties nouvelles , dérive aujourd'hui de cette présomption admise par les scrupules du législateur, que le défaillant a pu ne pas recevoir l'ajournement, et ignorer long-temps les poursuites qui se sont ensuivies. La voie de réparation que la justice lui ouvre doit-elle être rachetée par une peine, et faut-il s'en prendre à sa morosité, si l'on ne croit pas

---

(1) Jousse, sur l'art. 3 du tit. 35 de l'Ordonnance de 1667.

(2) Rodier, pages 73 et 74.

Art. impossible qu'il ait été la victime innocente d'une clandestine prévarication ?

J'ai peu de choses à dire sur la forme et le délai de l'opposition au jugement par défaut *faute de défendre*, c'est toujours à dire, *faute de conclure* (1). En cette matière, le Code de procédure n'a fait que reproduire les anciens textes; et si les commentaires sont de quelque utilité, ce n'est que pour donner le vrai sens des dispositions nouvelles.

Ici toute certitude est acquise touchant la remise de l'ajournement au défendeur, puisqu'il y a répondu par une constitution d'avoué. L'ignorance des poursuites et du jugement qui les doit suivre, n'est plus à présumer. La péremption à défaut d'exécution dans les six mois; la bienvenue de l'opposition jus-

---

(1) Voy. ci-dessus pages 29, 114 et 117. Il eût été peut-être plus rigoureusement exact de dire *défaut faute de conclure;* au surplus c'est le sens que j'ai attaché aux mots *faute de défendre*, quand je m'en suis servi.

Car il n'y a plus de défaut *faute de défendre* proprement dit, c'est-à-dire faute de fournir des écritures avant de conclure à l'audience. En matière ordinaire, ce n'est plus une obligation de signifier des défenses, ce n'est qu'une faculté.

qu'aux criées de l'exécution ; et toutes ces sollicitudes de la loi en faveur des *non comparans*, ne seraient plus que des dénis de justice.

Cependant toutes les présomptions ne sont pas encore effacées. Il n'est pas invraisemblable qu'après la constitution de son avoué, un plaideur trop vivement harcelé n'ait point eu le temps de rassembler des titres, des moyens, des élémens de preuves qui manqueront à sa défense. Des accidens, des embarras ont pu traverser ses recherches ; ou bien une exception qu'il a essayé de faire valoir a été rejetée, et d'abord il a craint de compromettre ses droits en concluant sur le fonds du procès ; puis, mieux éclairé, il y veut revenir. Enfin il y a cette règle d'équité qui ne permet pas de tenir pour irrévocablement condamné celui qui ne s'est peut-être pas trouvé assez tôt en mesure de se défendre, au risque d'étendre la faveur de l'opposition sur des gens de ruse et de mauvais vouloir.

Mais on conçoit que les limites du recours doivent être beaucoup plus restreintes lorsqu'il s'agit d'un jugement par défaut, après comparution.

Le Tribunat proposait de distinguer, parmi

ART. ces jugemens, ceux rendus en premier ressort
seulement, et ceux rendus en dernier ressort.
« A l'égard des premiers, il admettait que
l'opposition ne fût recevable que dans la huitaine du jour de la signification à avoué;
mais pour les jugemens en dernier ressort, il
demandait que le délai se prolongeât jusqu'à
l'exécution , afin que la négligence d'un
avoué ne pût causer à la partie un tort irréparable (1). »

Cette distinction ne fut pas accueillie , et
ce fut avec raison. Si l'avoué laisse prendre
un défaut par négligence, et s'il ne répare pas
son incurie , en formant opposition dans le
temps prescrit , il sera passible de dommages-
intérêts proportionnés à la perte qu'il aura
causée. Mais il n'eût pas été rationnel de
mettre sur la même ligne les défauts *faute
de comparaître*, et les défauts *faute de conclure*, quand bien même ces derniers auraient
été prononcés en dernier ressort.

A la grand'chambre du Parlement, et à la
première chambre de la Cour des Aides de
Paris, lorsque l'avocat et le procureur de l'appelant ne se présentaient pas à l'audience,

---

(1) Locré, *Législation civile*, etc., t. 21 , p. 430.

pour plaider à tour de rôle, le premier pré- ART.
sident ordonnait à l'huissier de service de les
appeler à la barre de la Cour. L'huissier
appelait, et, si personne ne répondait, il
venait en faire son rapport; alors l'avocat de
l'autre partie prenait ses conclusions; il faisait l'exposé de l'affaire; les gens du roi
étaient entendus, si la nature de la cause
l'exigeait, et l'arrêt intervenait en ces termes:
« Après que l'huissier a rapporté avoir appelé
N. et son procureur, la Cour donne défaut,
et met l'appellation et ce dont est appel au
néant. » On y employait cette solennité, parce
que les arrêts par défaut, rendus à tour de
rôle, n'étaient pas susceptibles d'opposition.
En ce temps-là, le rôle des causes était périodi-
quement arrêté, publié, et déposé dans les gref-
fes du ressort; il était fatal. Cela n'existe plus.
L'opposition est un principe général, comme
toutes les garanties de la défense; elle est de
droit commun, sauf quelques rares exceptions
établies par des dispositions spéciales (1).

(1) Voyez mon second volume, p. 341, 350 et 351.
Il y a des incidens sur les poursuites de la saisie-
immobilière, et en matière d'ordre, où la voie de
l'opposition est fermée. Cela sera expliqué en son
lieu.

ART.

160.

L'opposition aux jugemens par défaut rendus contre une partie ayant un avoué, n'est recevable qu'autant qu'elle est formée par requête d'avoué à avoué (1).

Cette requête ne doit point être présentée au président du tribunal, et revêtue de son ordonnance avant qu'elle soit signifiée. Il n'y a que la Cour de Riom qui juge à présent le contraire, en s'appuyant sur de vieux usages locaux que l'art. 1041 du Code a abrogés (2). Son système serait raisonnable s'il s'agissait d'une instance à introduire ; mais il ne faut pas perdre de vue que l'opposant ne fait que rentrer dans l'instance où il avait originairement paru, et qu'il avait désertée (3). De même, toutes les demandes incidentes qui surgissent au cours d'un procès, se produisent en forme de requêtes et ne s'exhibent au juge qu'à l'audience. A quelles fins la requête d'opposition serait-elle donc apportée d'abord

(1) Voyez, pour la signification des actes d'avoué à avoué, mon second volume, pag. 260.

(2) *Journal des Avoués*, t. 45, p. 425.

(3) Lorsqu'il a été formé opposition à un jugement par défaut, la cause reprend le rang qu'elle occupait sur le rôle. *Décret du 30 mars 1808, art. 30 et 73.*

au président? Aura-t-il quelque chose à accorder ou à refuser ? N'est-ce pas au tribunal
entier qu'il appartient de décider si l'opposition est recevable et fondée? Quand la loi a
voulu qu'une requête fût présentée et répon-
due, elle l'a dit; et dans l'art. 160 elle n'en
parle pas.

« La requête contiendra les moyens d'opposition, à moins que des moyens de défense
n'aient été signifiés avant le jugement, auquel
cas il suffira de déclarer qu'on les emploie.
comme moyens d'opposition. »

L'esprit de cette disposition est facile à
saisir. Le terrain de la discussion doit être
tout préparé ; il faut que l'opposant fasse
connaître ses moyens avant de venir plaider.
Autrement des allégations ou des exceptions
inattendues pourraient forcer la partie qui a
obtenu le jugement par défaut à demander un
délai pour répondre, et à recommencer, en
sortant de l'audience, l'instruction de la cause.

On a jugé que l'opposition était nulle, si
l'énonciation des moyens se réduisait, dans la
requête, à la simple indication d'un article
de loi, sans aucun développement (1). A plus

(1) Sirey, 11—2—427.

forte raison, faudra-t-il ne compter pour rien ces locutions vaines et vagues, qui servent d'argumens à beaucoup de gens ; comme si l'on se contentait de dire que tel titre ou telle pièce *fourmille de vices* (1), ou comme si l'on affectait ce laconisme d'un conseil de discipline de garde nationale, lequel repoussait une exception d'incompétence, *attendu qu'elle n'avait pas le sens commun* (2).

La loi ajoute : « L'opposition qui ne sera pas signifiée dans cette forme n'arrêtera pas l'exécution ; elle sera rejetée sur un simple acte et sans qu'il soit besoin d'aucune autre 161. instruction. »

Il semble, au premier aspect, qu'il y ait quelque désaccord entre la disposition qui laisse marcher l'exécution, nonobstant une opposition qu'à tort ou à raison on peut taxer d'irrégularité, et celle qui défère aux magistrats le jugement de l'irrégularité. Si l'article n'a pas voulu, comme cela devait être, que la partie intéressée au rejet de l'opposition se constituât l'unique juge de sa validité, il fallait donc dire que l'exécution

(1) *Journal des Avoués*, t. 44, p. 278 et 279.
(2) *Ibidem*, p. 294.

resterait suspendue jusqu'à la décision du A°° tribunal.

La loi se concilie facilement avec elle-même. Tout se réduit là : J'ai obtenu un jugement par défaut; je le fais exécuter; le défaillant fait signifier une opposition ; il est évident pour moi qu'elle est nulle, et je passe outre. Cependant il n'en est pas de l'opposition irrégulière, comme de l'opposition tardive, qui est nulle de plein droit. Il faut que l'irrégularité soit jugée. Si le tribunal adopte la nullité, j'aurai eu raison de continuer l'exécution. Dans le cas contraire, j'aurai eu tort; c'est l'exécution qui sera nulle, et je me serai exposé à des dommages-intérêts.

C'est une sorte d'exécution provisoire, dont les chances doivent être calculées par celui qui veut aller en avant et ne pas avoir égard à l'opposition (1).

Quelle que soit l'espèce d'un jugement par défaut, les formes et les conditions de la requête pour *faire*, ou pour *réitérer* l'opposition, sont les mêmes. L'une et l'autre doivent contenir les moyens à l'appui du recours; les articles **161** et **162** ont une corrélation mani-

_____

(1) M. Carré, *Lois de la proc.*, t. 1ᵉʳ, p. 411.

ART.
162.

feste en ce point (1). En aucuns cas les écritures qui seraient fournies postérieurement
n'entreraient point en taxe.

Quant au délai de huitaine, dans lequel la
requête d'opposition au défaut *faute de conclure* doit être signifiée, il n'est pas plus franc
que celui de la requête qui sert à réitérer
l'opposition aux défauts *faute de comparaître*;
mais il ne reçoit point comme celui-là l'augmentation des jours à raison des distances.
On le concevra sans peine : l'opposition au
défaut *faute de conclure* se forme et se pour-
suit par les avoués; rien n'y est extrajudiciaire,
et les avoués sont toujours assez près l'un de
l'autre, pour que l'échange de leurs actes se
puisse faire promptement.

L'opposition *régulièrement* faite et signifiée suspend l'exécution, à moins que les
juges, en prononçant la sentence par défaut,
n'y aient attaché le privilége d'une exécution
provisoire.

(1) M. Favard, *Répert.*, t. 4, p. 48, et M. Carré,
Lois de la procéd., t. 1, p. 417. Qu'est-ce qu'une requête, dit ce dernier auteur, qui ne contiendrait pas
les moyens justificatifs de la demande qu'e es (des-
tinée à produire ?

Mais il est des jugemens dont les dispositions principales s'adressent à des personnes
qui n'ont pas figuré dans la cause, qui n'y
avaient aucun intérêt, et qui, à raison de
leurs fonctions, n'en sont pas moins tenues
de concourir à l'exécution. Tels sont ceux qui,
donnant main-levée de l'empêchement mis à
un mariage, autorisent l'officier de l'état civil
à faire la célébration; ceux qui, déclarant une
inscription hypothécaire nulle, ou prise sans
droit, ordonnent au conservateur de la rayer,
etc. Des précautions ont dû être prises, afin
que les défaillans ne fussent point exposés à
souffrir des préjudices irréparables par une
exécution à laquelle se prêteraient ces tierces
personnes, au mépris du droit d'opposition,
et sous le prétexte vrai ou faux de leur ignorance touchant l'état des choses.

Autrefois on se contentait, dans l'usage,
d'un certificat du procureur qui avait fait
rendre la sentence par défaut, constatant
qu'aucune opposition n'était venue à sa con-
naissance. Ce n'était qu'un simulacre de garantie. Le certificat pouvait être sincère, quoique
l'opposition existât réellement, et quelquefois
il était un mensonge. Les modernes législateurs se sont mieux avisés : ils ont voulu qu'un

Art.
163.

registre tenu au greffe fût destiné à recevoir la mention de l'opposition, et qu'on y énonçât les noms des parties, ceux de leurs avoués, avec les dates du jugement et de l'opposition. C'est l'avoué de l'opposant qui fait cette mention. Puis il est ajouté qu'un jugement par défaut ne sera exécuté envers des tiers, que sur une attestation du greffier, portant qu'au

164. cune opposition n'a été inscrite au registre.

Plus tard, et lorsqu'ils sont arrivés à tracer *les règles générales sur l'exécution forcée des jugemens,* les rédacteurs du Code ont senti la nécessité d'étendre la portée de leurs prévisions. S'il n'y a pas lieu à opposition, il peut y avoir lieu à appel; et les mêmes inconvéniens se représentent, dès que l'exécution du jugement doit s'accomplir par l'accession d'un tiers. Il a donc fallu faire des dispositions plus larges, comprenant à la fois les cas d'opposition et d'appel. Voici le texte :

« Les jugemens qui prononceront une main-levée, une radiation d'inscription hypothécaire, un paiement ou quelque autre chose à faire par un tiers ou à sa charge, ne seront exécutoires par les tiers ou contre eux,

548. même après les délais de l'opposition ou de l'appel, que sur le certificat de l'avqué de la

partie poursuivante, contenant la date de la
signification du jugement faite au domicile de
la partie condamnée, et sur l'attestation du
greffier, constatant qu'il n'existe contre le jugement ni opposition ni appel.

» A cet effet, l'avoué de l'appelant fera
mention de l'appel dans la forme et sur le
registre prescrits par l'article 163 (pour les
oppositions).

» Sur le certificat qu'il n'existe aucune opposition ni appel sur ce registre, les seques-
tres, conservateurs, et tous autres seront tenus
de satisfaire au jugement. »

L'application de ces articles a soulevé
beaucoup de difficultés qui sont venues ré-
pandre sur la jurisprudence leurs obscures
incertitudes.

A chaque pas que je fais, je trouve l'occasion de le remarquer, et j'éprouve le besoin
de le redire : les innovations ne sont pas
toujours nettement exprimées dans nos Codes,
et ce n'est pas œuvre facile que de bien y
épancher sa pensée. Tels mots, telle loi, a dit
Bentham. Moins souvent encore les innovations trouvent dans la pratique assez de sym-
pathies intellectuelles, parce que les mœurs
ont plus de racines que les principes, et que

Art.

549.

550.

ART. les habitudes ne se convertissent pas aussi vite que les idées.

Si vous prenez à la lettre les expressions de l'art. 549, c'est l'avoué de *l'appelant* qui doit faire mention de l'appel sur le registre dont parle l'art. 163. Or, vous savez que ce registre est tenu au greffe du tribunal de première instance ; et l'avoué de *l'appelant*, selon le sens naturel des mots, ne peut être que l'avoué constitué dans l'acte d'appel ; car l'appel, en transportant la cause et les parties sur un terrain plus élevé, a mis fin aux fonctions de l'avoué du premier degré. Faudra-t-il donc que cet avoué de l'appelant, fixé près la Cour royale, se déplace et se transporte dispendieusement à l'une des extrémités du ressort, pour inscrire au registre la mention de l'appel? C'est bien ce que la loi a donné à entendre, mais ce n'est pas ce qu'elle a entendu. La mention de l'appel, comme celle de l'opposition, sera faite par l'avoué qui occupait en première instance pour celui qui s'est rendu appelant. L'art. 90 du tarif le dit d'une manière formelle ; toutefois il eût été bon que cela fût aussi positivement énoncé dans le Code.

Uue faute plus sérieuse peut être relevée.

Que le jugement ne doive pas être exécuté ART.
à l'égard des tiers, *même après les délais de
l'opposition ou de l'appel*, comme dit la loi, si
le certificat du greffier ne leur est pas exhibé;
cela se comprend. Il est possible que les significations qui servent de point de départ pour
le cours des délais soient viciées de quelque
nullité; dans ce cas, la partie condamnée n'a
pu encourir aucune déchéance pour s'opposer, ou pour appeler, suivant la nature du
jugement.

Mais de ce que les tiers ne sont pas tenus
d'exécuter, tant qu'il n'est pas justifié que le
registre n'est chargé d'aucune mention de recours, MÊME *après les délais de l'opposition ou
de l'appel*, résulte-t-il que l'exécution pourra
être exigée, dès qu'on apportera le certificat,
et sans qu'il faille attendre l'expiration de ces
délais? Ou bien ces mots *même après les délais*, sont-ils une forme extensive, indiquant
que la condition exigée doit être remplie non-
seulement *avant*, mais encore *après* ?

La question est fort délicate.

M. Pigeau, l'un des rédacteurs du Code,
assure que l'art. 548 ne fut point créé avec
cette intention, que pour exécuter, il serait

ART. nécessaire de surseoir jusqu'à ce que les délais fussent écoulés (1).

MM. Carré (2), Berriat-St-Prix (3), Thomines des Mazures (4), et d'autres commentateurs (5), se sont rangés à cette opinion.

L'avis contraire est soutenu par MM. Favard de Langlade (6), Persil (7), Delvincourt (8), Dalloz (9), et par le rédacteur du *Journal des Avoués* (10). Ils se fondent sur l'art. 2157 du Code civil, lequel porte : « Les inscriptions sont rayées du consentement des parties intéressées et ayant capacité à cet effet, ou en vertu d'un jugement en dernier ressort, ou *passé en force de chose jugée.* »

Il faut se reporter au temps où le Code civil fut promulgué, pour connaître le sens qu'il a dû attacher à l'expression de *jugemens*

---

(1) *Traité de la procéd.*, t. 2, p. 400.

(2) *Lois de la procéd.*, t. 2, p. 143 et 144.

(3) T. 2, p. 509, note 11.

(4) *Comment.*, t. 2, p. 48 et suiv.

(5) Voyez le *Journal des Avoués*, t. 12, p. 529.

(6) *Répert.*, t. 2, p. 476.

(7) *Régime hypothécaire*, art. 2157, n. 14.

(8) T. 3, note 2 de la page 183.

(9) *Jurispr. génér.*, t. 9, p. 442.

(10) T. 12, p. 529.

passés en force de chose jugée. C'était sous le Art. régime de l'ordonnance de 1667, car le Code de procédure n'existait pas encore.

L'art. 5 du titre 27 était ainsi conçu : « Les sentences et jugemens qui doivent passer en force de chose jugée, sont ceux rendus en dernier ressort, et *dont il n'y a appel*, ou dont l'appel n'est pas recevable, soit que les parties y eussent formellement acquiescé, ou qu'elles n'en eussent interjeté appel dans le temps, ou que l'appel ait été déclaré péri. »

Il y avait donc force *actuelle* de chose jugée, aussitôt que le jugement devenait exécutoire. Il suffisait qu'alors il n'eût pas été attaqué, quoiqu'il pût l'être. La possibilité d'un appel n'était point une présomption de droit qui dût arrêter l'exécution.

Les adversaires de ce système ont essayé de décomposer l'ordonnance, pour lui faire dire que les jugemens passés en force de chose jugée, quand il n'y avait pas d'appel, n'é- taient autres que ceux auxquels les parties avaient acquiescé, ou dont elles n'avaient pas interjeté appel dans le temps prescrit (1).

Mais la confusion est évidente. L'acquies-

(1) M. Dalloz, *Répert.*, t. 9, p. 442, à la note.

Art. cement, et l'expiration des délais donnés pour appeler, sont *des fins de non-recevoir*, qui ne se peuvent rapporter qu'à cette autre classe de jugemens que la force de la chose jugée a saisis, parce que l'appel n'en était plus recevable.

Voici une preuve qui, je crois, n'a été fournie par personne. Dans le projet de l'ordonnance (1), on lisait : « Les sentences et jugemens qui doivent passer en force de chose jugée, sont ceux, ou qui sont rendus en dernier ressort, *et dont il n'y a point* ENCORE *d'appel*, ou dont l'appel n'est pas recevable, soit à cause que les parties y ont formellement acquiescé, soit qu'elles n'en aient pas interjeté appel dans le temps ci-après préfix, ou que l'appel ait été déclaré péri. » Le procès-verbal des conférences nous apprend que *l'article fut trouvé bon.*

Assurément ces mots : *dont il n'y a point* ENCORE *d'appel*, supposaient bien qu'un appel pouvait survenir.

Il importe peu que le formaliste M. Pussort, retouchant le style trop rajeuni de sa

(1) C'était l'art. 6 du titre 30 de l'ordonnance, mais le 5ᵉ fut retranché, et le titre 30 devint le 27ᵉ.

première rédaction, ait cru plus digne de le
vêtir de la couleur des vieilles ordonnances,
et que l'expression *dont il n'y a appel* lui ait
paru d'une majesté plus édictale que ce tour
vulgaire, mais fort lucide : *dont il n'y a pas
encore appel*. La pensée a dû rester la même,
car le tout avait été *trouvé* BON, et définitivement arrêté.

Faut-il chasser jusqu'à l'ombre du doute,
et démontrer qu'aujourd'hui même on ne doit
pas autrement traiter ce point? Ouvrez *l'Exposé des motifs* sur le titre *de l'Appel*, par
M. Bigot de Préameneu; vous y verrez « qu'il
résulte évidemment des dispositions du Code,
que tout jugement, en premier ou en dernier
ressort, a la force de chose jugée, *lorsqu'il
n'est point encore attaqué*, ou lorsqu'il ne
peut plus l'être (1). »

En premier ressort, la force de chose jugée
subsiste jusqu'à ce qu'il y ait appel; alors
elle s'évanouit; c'est à recommencer. En dernier ressort, elle est irrévocable. Voilà tout.

L'argument tiré de l'art. 2157 du Code civil, pour établir qu'un jugement ne peut être

---

(1) M. Locré, *Esprit du Code de procédure*, tom. 2,
pag. 267.

Art, exécuté à l'égard d'un tiers, durant le délai de l'appel, n'a donc pas la moindre consistance.

La solution va s'achever à l'aide de quelques considérations.

Je le demande : si j'ai gagné mon procès en première instance, serai-je obligé, pour faire exécuter directement la sentence contre mon adversaire, d'attendre l'expiration du délai entier de l'appel ? Non sans doute. Pourquoi me serait-il donc interdit de poursuivre en même temps l'exécution à la charge d'un tiers ?

Par exemple : vous avez pris une inscription sur mes biens ; je fais juger que c'est à tort et à mon grand préjudice. Le tribunal, en ordonnant la radiation, vous condamne non-seulement aux dépens de l'instance, mais encore à me payer des dommages-intérêts,

126. même par corps, parce qu'ils excèdent 300 fr.

147. Je fais signifier le jugement, d'abord à votre avoué, puis à vous, *à personne ou domicile*, avec commandement d'y satisfaire. Vous avez trois mois pour interjeter appel. Cependant n'est-il pas vrai qu'au bout de deux ou trois jours je puis vous envoyer des huissiers pour vous exécuter, pour vous appréhender, et

que, tant que durera votre inertie, l'exécution aura son cours? Cela est incontestable.
Et je ne pourrais pas, avant l'accomplisse-
ment des trois mois (autrefois j'aurais dit
avant l'expiration de trente ans), rendre mes
biens libres, et requérir le conservateur de
rayer l'inscription ! Pourquoi n'avez-vous pas
interjeté et déclaré votre appel, si vous aviez
chance d'appel ?

On n'aura pas manqué d'observer que la
discussion à laquelle je viens de me livrer
n'a trait qu'au cas d'appel, ce qui suppose-
rait que le jugement à exécuter était contradictoire, ou que, s'il eût été par défaut, l'op- 455.
position n'en aurait plus été recevable. Mais
la lettre du Code de procédure offre une telle
apparence de connexité entre l'article 163 et
l'article 548, que j'ai cru pouvoir aborder le
dernier par avance.

Cette anticipation sera justifiée par un autre
motif. C'est qu'elle m'était nécessaire pour
distinguer maintenant les effets d'un jugement
par défaut, et ceux d'un jugement *contradictoire*, dans les cas où l'exécution exige le
concours d'une tierce personne.

S'agit-il d'un jugement par défaut *faute de*

Art. *conclure?* Nulle difficulté ne se présente. Règle générale : il est défendu d'exécuter avant l'échéance de la huitaine, à partir de la signification du jugement à l'avoué du défail-

155. lant (1). Or, c'est pendant le cours de ce

157. délai que l'opposition devra être formée, à peine de déchéance; par conséquent le certificat portant qu'aucune mention d'opposition n'a été inscrite sur le registre du greffe, pourra être délivré le jour même où il sera permis de poursuivre l'exécution. Que si une opposition vient à être déclarée après le terme prescrit, et avant que le tiers ait exécuté, elle sera rejetée sans retard, et sur un simple *à venir*. Point de temps perdu, point de préjudice grave.

Le jugement est-il par défaut *faute de comparution?* L'aspect de la question change considérablement ; ici reviennent tous les embarras que suscite dans la pratique un système nouveau.

---

(1) A moins que l'exécution provisoire n'ait été ordonnée ; ce qui ne s'accorde guère dans les cas d'une inscription à rayer, de deniers saisis à délivrer, de mainlevée d'opposition à donner, et autres semblables.

Il a été assez dit que le Code admet le défaillant qui n'a point constitué d'avoué, à
faire opposition jusqu'à l'exécution de la sentence, ou jusqu'à ce qu'il apparaisse, par
quelque acte émané de lui, qu'il a dû tout
aussi complètement connaître le jugement
que s'il eût vu saisir et vendre ses meubles.
C'est, comme on sait, parce que la sollicitude de la loi, éveillée au souvenir d'anciens
abus, présume que les significations de l'a-
journement et du jugement ont pu être *souf-
flées*.

Cette sorte de préoccupation exceptionnelle
ne se peut plus concilier avec la force de chose
jugée qui, dans les cas généraux, s'attache
à un jugement encore inattaqué. Car voici
qu'un combat de présomptions s'engage
D'un côté, la force de chose jugée se tire de
ce que le silence de la partie condamnée fait
présumer qu'elle se soumet au jugement.
D'un autre côté, le défaut de constitution
d'avoué permet de douter qu'elle ait su l'existence des poursuites dont elle a été l'objet.
Et l'on n'est pas présumé se soumettre à ce
qu'on est présumé ne pas connaître.

Si le jugement rendu contre une partie *qui
a constitué un avoué*, peut être exécuté par

Art. des tiers, avant d'avoir été directement exécuté contre elle, c'est qu'il n'est pas supposable qu'elle n'ait été informée ni de la demande ni du jugement, et qu'elle ait·été dans
l'impuissance de se pourvoir avant l'exécution. Mais quand il faut légalement le supposer, parce qu'il y a eu défaut *de comparution*, ou, en d'autres termes, défaut *de constitution d'avoué*, le conservateur se hasar-
dera-t-il à rayer une inscription au préjudice
d'une personne qui peut-être ignore que la
radiation a été demandée et ordonnée? Non.
La force de chose jugée, à l'égard des tiers,
ne commence qu'à l'instant où s'est effacée
cette présomption d'ignorance entière qui la
paralysait.

On va m'arrêter peut-être, et me demander
comment il sera donné d'atteindre le but, si
le jugement ne porte aucune condamnation
de dommages-intérêts ou de dépens, qui serve
à frapper d'abord la partie condamnée, pour
dégager la voie d'exécution envers les tiers.
Ainsi un père assigné en mainlevée de l'empêchement qu'il a mis au mariage de son fils,
ne comparaît pas ; le jugement qui donne la
mainlevée *par défaut,* ne prononce point de
dommages-intérêts, parce que l'art. 179 du

Code civil le défend, et il compense les dé- Art.
pens, parce que l'art. 131 du Code de procédure le permet. Point de titre pour une
exécution directe ; cependant le père a le
droit de s'opposer au jugement jusqu'à ce
qu'elle ait été pratiquée, car il n'avait point
constitué d'avoué, et les doutes et les scrupules de la loi sont toujours là. L'officier de
l'état civil célébrera-t-il le mariage sur la représentation d'un jugement dont l'existence
peut n'avoir pas encore été révélée à celui
contre qui il a été rendu? La rigidité des
principes nouveaux ne le veut pas. Quand
donc le mariage pourra-t-il être célébré? Je
n'en sais rien ; à moins que les pères ne
soient toujours condamnés aux dépens, et
que les fils ne fassent toujours exécuter les
pères ; ou bien, à moins que l'innovation,
dont les vues sont fort bonnes, mais qui n'a
pu tout étreindre, ne se livre d'elle-même au
dépiècement arbitraire de quelques exceptions
imprévues (1), et qu'on ne décide que l'exécution directe sera *tout ce qu'elle peut être*,
au moyen de la signification du jugement

(1) *Angustia prudentiæ humanæ casus omnes, quos tempus reperit, non potest capere.* Bacon, *Aphor.* 10.

ART. que l'huissier certifiera avoir faite à la *per-sonne* ou au *domicile réel* du père, avec in-dication du jour où le mariage devra être célébré. Chacun peut proposer ses idées là-dessus, mais elles se heurteront long-temps avant de prendre corps. La meilleure loi, disait Bacon, est celle qui embarrasse le moins un juge, *id quod certitudo ejus præstat* (1).

Quant aux jugemens qui ne sont attaqua-bles que par appel, il va sans dire que l'acte d'appel atteste que l'appelant connaît les dis-positions qui lui font grief. Il a un avoué, et rien n'empêche qu'il ne prenne ses pré-cautions assez tôt, pour que le tiers n'exécute pas à son détriment.

Le Tribunat aurait voulu qu'on supprimât comme inutile l'art. 548. Il pensait qu'il eût suffi d'obliger l'appelant à faire connaître authentiquement son appel au tiers, et il proposait d'ajouter à l'art. 164, qui n'est re-latif qu'aux jugemens par défaut et aux oppo-sitions, un paragraphe ainsi conçu :

« Si le jugement est sujet à l'appel, le tiers ne sera responsable de l'exécution qu'il aura

(1 Bacon, *Aph.* 8.

faite, que dans le cas où l'appelant lui aurait
dénoncé son appel (1). »

Difficilement on devine pourquoi une vue
si simple et si bien appropriée aux intérêts
et à la sûreté de tous, ne fut pas adoptée, et
pas même discutée. Ce que je connais des
procès-verbaux du Conseil d'État n'en dit pas
un mot.

Opposition sur opposition ne vaut : c'est-à-   165.
dire que l'opposition n'est pas recevable
contre un second jugement par défaut qui a
rejeté une première opposition (2). Il ne reste
plus à l'opposant que la ressource de l'appel,
si la cause est de premier ressort. Autrement,
un débiteur cauteleux, se laissant à plaisir
condamner par défaut, pourrait former autant
d'oppositions successives qu'il interviendrait
de jugemens, et se jouer à la fois de la justice
et de ses créanciers.

(1) M. Locré, *Esprit du Code de procédure*, tom. 2,
pag. 442 et 443.

(2) Le Code dit : *qui a débouté d'une première opposi-*
tion. Mais ce vieux mot de pratique comprend tous les
cas où l'opposition est rejetée par des motifs tirés, soit
du fond, soit de la forme. Voyez M. Pigeau, *Comment.*,
t. 1, p. 371.

Art.   Les Cours ont eu à décider cette question : Lorsque sur l'opposition formée par la partie condamnée, l'autre partie, celle qui avait obtenu le jugement, ne se présente pas à l'audience, et fait défaut, l'opposition qu'elle forme à son tour est-elle irrecevable ?

La Cour de Gênes a prononcé l'affirmative, parce que le demandeur ayant pris ses conclusions pour obtenir *le défaut*, et le défendeur ayant pris les siennes pour faire statuer sur son opposition, il s'ensuit que les deux parties ont été respectivement entendues, et que le dernier jugement doit être réputé *contradictoire* (1). Ce motif ne me touche guère. Il n'y a point de jugement contradictoire, si les plaideurs n'ont pas conclu en présence l'un de l'autre.

Au contraire, la Cour de Metz (2), et la Cour de Poitiers (3), ont jugé que la maxime : *Opposition sur opposition ne vaut*, devait s'appliquer seulement au cas où c'est la même partie qui, ayant formé une opposition au

---

(1) M. Dalloz, *Jurisp. génér.*, t. 9, p. 701.

(2) *Ibid.*, p. 702.

(3) *Journal des Avoués*, t. 33, p. 337.

jugement par défaut, laisse une seconde fois prendre défaut contre elle, et veut s'opposer encore.

C'est cette doctrine qu'il faut suivre. Elle est analogiquement consacrée par l'art. 22 du Code, au livre *de la Justice de paix*. Il y est dit : « *La partie opposante* qui se laisserait juger *une seconde fois* par défaut, ne sera plus reçue à former une *nouvelle* opposition. »

En effet, le demandeur contre lequel un défaut a pu être pris, sur l'opposition de son adversaire, par suite de quelque empêchement ou de quelque négligence, et qui, à son tour, signifie une requête d'opposition, afin de recouvrer le bénéfice du jugement qu'il avait originairement obtenu, ne fait pas, quant à lui, opposition sur opposition; il n'en fait qu'une. Il est dans le droit commun.

Je termine ce chapitre. Quoiqu'il soit fort étendu, je suis loin d'avoir traité tout ce qui, dans les évolutions de la procédure, vient se rattacher aux jugemens par défaut et aux oppositions. J'en reparlerai, suivant que l'ordre

Art. et le rapport des matières exigeront de nouvelles explications (1).

(1) Voyez ci-dessus, tome 2, p. 162 et 350, et ci-après les chapitres des *Enquêtes*, de l'*Interrogatoire sur faits et articles*, des *Incidens*, des *Reprises d'instances*, de la *Procédure devant les tribunaux de commerce*, des *Justices de paix*, de l'*Appel*, des *Incidens sur la poursuite des saisies immobilières*, de l'*Ordre*, des *Référés*, de l'*Arbitrage*, etc. , etc.

CHAPITRE X.

VUE GÉNÉRALE DES EXCEPTIONS ET DES DÉFENSES.

UNE action allait être intentée. J'ai dit Art. quelles seraient les formes de l'ajournement, dans quel délai et devant quel tribunal le défendeur serait appelé, comment il constaterait sa comparution, comment il proposerait sa défense, et comment elle serait contredite. J'ai parlé des différentes espèces d'instruction, du ministère public, de ses fonctions, des causes qui réclament son intervention, de l'audience, de sa publicité, de sa police.

L'heure de la décision était venue. J'ai dit comment le jugement se formerait, comment il serait prononcé, quels élémens composeraient sa rédaction, et quelles règles devraient être suivies pour sa notification.

J'ai trouvé dans cette marche des passages obscurs, et souvent de la divergence parmi ceux qui ont accepté ou qui se sont donné la noble tâche de les éclairer. Mais les anciennes cartes du pays, qu'il est toujours bon de consulter, m'ont servi à reconnaître les encombres, à traverser les difficultés, et à distinguer la direction de la nouvelle route.

Les défaillans *faute de comparaître* ou *faute de conclure* y ont jeté quelques retards et quelques variétés d'accidens. J'ai dit comment il avait fallu les attendre, leur faire des signaux, les émouvoir, et arriver définitivement avec eux et sans eux.

Toutefois, si vous en exceptez la complication des jugemens par défaut et des oppositions, ce coup d'œil *rétrospectif*, comme aurait dit Bentham, n'a résumé que l'allure la plus simple d'un procès, où les faits ne sont point sérieusement contestés, où les titres ne sont point suspects, où l'on n'a que des conséquences à déduire, et des articles à appliquer, pour que la sentence soit faite et prononcée.

Il n'en est pas toujours ainsi.

Je serai donc obligé de revenir sur mes pas, de reprendre l'ajournement pour point de départ, et de me mettre à la suite des involutions de procédure qui embrasseront, dans leurs étroites nécessités, tout ce que la position particulière des plaideurs et la nature de l'affaire pourront faire éclore d'exceptions, de débats spéciaux et d'incidens divers.

Je vais en tracer le programme :

Celui qui m'a fait assigner n'est pas Français, il ne tient pas au sol : j'exigerai, avant d'engager le combat, que l'étranger me fournisse une caution, pour le paiement des frais et des dommages-intérêts que je pourrai obtenir.

Je suis traduit devant un tribunal incompétent : je demanderai que la cause soit renvoyée aux juges qui doivent en connaître.

L'assignation qui m'a été donnée est nulle : je me garderai bien d'entrer dans le fond du procès; si je veux profiter de la nullité ; je la plaiderai préalablement.

Je suis poursuivi comme héritier : la loi me donne trois mois pour faire inventaire, et quarante jours pour délibérer sur la qualité

Art. qu'il me conviendra de prendre (1); je récla-
merai la suspension des poursuites jusqu'à
l'expiration de ces délais.

Mon adversaire n'a pas notifié le titre sur
lequel il se fonde : j'en requerrai la communication.

Je suis un acquéreur qu'un tiers veut évin-
cer : j'aurai quelque répit pour appeler mon
vendeur, afin qu'il vienne me garantir de
l'éviction.

Tous ces moyens qui ont dû être présentés
dès l'entrée du procès, *à limine litis*, n'atta-
queront point encore le fond du droit. Ce ne
sont que des *exceptions*, ou, comme on disait
plus énergiquement autrefois, des *fins de non-
procéder*.

Viendront ensuite les différentes sortes de
défenses qui tendront, non plus à écarter
l'action, à la neutraliser, à différer ses effets,
ou à la faire porter devant d'autres juges,
mais à la détruire, à l'anéantir sans retour.
Elles pourront être proposées en tout état de
cause.

(1) Code civil, art. 795 : de même pour la veuve,
art. 1456 et 1457.

Je continue mon programme sous ce nouvel Art. aspect.

On m'oppose en justice un écrit privé dont je dénie, ou dont je méconnais l'écriture : je forcerai celui qui veut s'en prévaloir à le faire vérifier.

Que l'acte soit sous signature privée, ou revêtu d'une forme authentique, si je soutiens qu'il est faux, je m'inscrirai et je ferai le procès à cette pièce, en attendant que le procureur du roi fasse le procès à son auteur.

Des faits ont été articulés d'une part, et déniés de l'autre : ce sera le cas d'une enquête.

La valeur de l'objet en litige est contestée : on aura recours à une estimation ; des experts seront nommés.

La description d'une localité est nécessaire pour fixer l'opinion du tribunal : il ordonnera le transport de l'un des juges.

Je veux extraire la vérité des aveux de mon adversaire : je le ferai interroger sur faits et articles, *ut vel mentiendo, vel confitendo se oneret.*

Demandeur, j'ai des conclusions additionnelles à joindre à mes conclusions primitives ; défendeur, je veux répondre par une demande reconventionnelle ; ou si je suis un tiers , il m'importe d'intervenir et de réclamer ce que les autres se disputent. La loi me donnera toutes ces facilités, en me prescrivant des règles pour que je n'en fasse pas abus.

La personne contre laquelle je plaide meurt : l'instance s'arrête ; mais j'assignerai les héritiers pour la reprendre.

C'est l'avoué qui est décédé, ou démission-naire, ou destitué, ou interdit : j'appellerai la partie devant les juges, pour qu'elle en constitue un autre, et que l'instance ne reste pas encore suspendue.

Mon avoué a trahi ma confiance, il a ex-cédé ses pouvoirs : il faudra bien que je puisse le désavouer, et faire statuer sur la validité de mon désaveu.

Deux ou plusieurs tribunaux se trouvent saisis à la fois du même procès : une demande en règlement de juges fera cesser ce conflit.

Je ne vois pas sans déplaisir les proches de mon antagoniste assis sur le tribunal où doit se vider notre querelle : la loi qui sait com-patir à cette inquiète susceptibilité, me per-mettra de requérir le renvoi de l'affaire à d'autres juges, *pour cause de parenté ou d'al-liance.*

Des faits particuliers, même en dehors des affections de famille, m'inspirent des doutes sur l'impartialité de l'un des magistrats ; je pourrai le récuser.

Enfin, il est une foule d'affaires de mince valeur, ou de facile examen, qui naissent incessamment des rapports journaliers établis entre les hommes. Lorsqu'elles dépasseront la compétence des justices de paix, vous les verrez prendre, dans les tribunaux, le nom de *matières sommaires;* elles y seront discutées avec la même simplicité (1), et jugées avec la même célérité.

Les *matières sommaires* et les justices de paix touchent par beaucoup d'endroits à la juridiction commerciale; elles nous y conduiront. Vous y trouverez un système d'accélération plus rapide dans les rouages de la procédure; des règles plus larges et moins inflexibles; une plus énergique liberté d'action; point d'intermédiaires entre le commerçant qui plaide et le commerçant qui juge; des usages qui ne sont écrits que sur des tables vivantes (2);

(1) Sauf l'assistance des avoués.

(2) *Consuetudines sunt leges vivis inscriptæ tabulis.* Bacon.

A<small>RT.</small> une sorte de sentences par pairs , comme
celles que rendaient entre eux les francs te-
nanciers du moyen âge ; et des belles théories
d'équité que la mise en œuvre ternit quelquefois.

Cette vue *prospective*, en me servant encore
des expressions du jurisconsulte anglais , m'a
semblé nécessaire pour donner une idée de
l'ensemble des *exceptions* et des *défenses*,
pour suivre avec justesse l'ordre de leurs di-
visions et de leurs utilités. « Un corps de lois,
a dit le même auteur, est comme une vaste
forêt : mieux il est percé, plus il est connu (1).»
On s'y oriente plus aisément.

(1) *Traités de Législ.* de Bentham , t. 3 , p. 185.

CHAPITRE XI.

DE LA CAUTION A FOURNIR PAR LES ÉTRANGERS.

« Un Français peut être traduit devant A<small>RT</small>. un tribunal de France pour des obligations par lui contractées en pays étranger, même avec un étranger (1). » La protection que les lois accordent aux nationaux ne doit pas dé-générer en une indigne complicité de fuite et de mauvaise foi.

Cependant le Français se trouverait exposé dans ses foyers à d'irréparables vexations, s'il ne lui était donné aucune garantie pour le remboursement des frais de sa défense, et pour le paiement des dommages qu'une at-

(1) Code civil, art. 15.

taque téméraire lui fera éprouver. Il serait facile à l'étranger de calculer sa départie, de manière à ne pas laisser sur ses traces fugitives le moindre gage auquel on se puisse prendre.

De là cette disposition qui soumet l'étranger *demandeur principal*, ou *demandeur intervenant*, à fournir, s'il en est requis, ce qu'on appelle, dans la pratique, la caution *judicatum solvi*.

Je viendrai bientôt à ce qui concerne l'étranger défendeur.

Celui qui est né de parens non Français, et qui n'a point acquis la qualité de Français, est étranger.

Celui qui a perdu la qualité de Français devient étranger.

Les mots CAUTION *judicatum solvi* ont été empruntés des Romains, qui avaient entouré leur système de procédure d'une triple ligne de cautionnemens (1); mais ils ne les appliquaient pas dans le sens que nous leur donnons.

(1) Voyez, pour la *vocatio in jus*, mon second vol., chap. *des Ajournemens*, p. 67, et *Gaius*, *Comment.* 4, § 184 et 185.

Chez eux, et pour les actions réelles in-   ART.
tentées suivant une formule pétitoire, c'était
le *défendeur* qui devait fournir la caution *judicatum solvi*, afin de garantir la restitution
de ce qu'il continuerait de posséder durant le
litige (1).

Lorsque l'action, soit réelle, soit personnelle, était poursuivie par un *procureur*,
celui-ci était tenu de donner caution pour
la ratification de ce qu'il ferait, *ratam rem
dominum habiturum*; la même obligation
était imposée aux tuteurs et curateurs. Si l'on
employait un *cogniteur*, la caution *de rato*
n'était pas exigée ; parce que le *cogniteur* ayant
été constitué par des paroles solennelles,
certis verbis, en présence de l'adversaire (2),
devenait l'identique personnalité du demandeur, et l'on n'avait à craindre ni le désaveu,
ni la tentative d'une nouvelle action (3).

(1) *Gaius, ibid.*, § 89 et 91.
(2) *Ibid.*, § 83.
(3) *Ibid.*, § 96, 97 et 98. Je n'ai peut-être pas fait
assez remarquer cette différence entre le *cogniteur* et
le *procureur*, dans mon premier volume, pages 557 et
558. On pouvait constituer un *procureur* sans prononcer
aucune parole solennelle, par un simple mandat, et
sans que l'autre partie fût présente ou appelée.

ART.   Cela fut modifié dans la suite des temps. Le *défendeur* qui se présentait de sa personne, pour répondre à une action même réelle, ne se vit plus astreint à fournir caution *judicatum solvi*, mais seulement caution qu'il resterait en jugement jusqu'à la fin du procès : *quod in judicio remaneat usque ad terminum litis* (1). Et la Novelle 112, chapitre 2, *de cautione quæ antè reorum citationem præstari debet ab actore*, ordonna aux juges de soumettre, *in suis interlocutionibus*, les demandeurs à la même condition.

Mais toujours, et en toutes espèces d'actions, dans la capitale de l'Empire, comme dans les provinces (2), la caution *judicatum solvi* dut être imposée aux défendeurs qui se faisaient représenter. Ils la fournissaient eux-mêmes, s'ils avaient constitué un *cogniteur*; si c'était un *procureur*, le procureur était tenu de la donner (3). A cet égard, l'ancien droit conserva toute sa vigueur : *Nemo enim, se-*

---

(1) *Instit.*, l. 4, t. 11, *de Satisdationibus.*

(2) *Ibid.*, § 7. *Quùm necesse sit omnes provincias, caput nostrarum civitarum, id est, hanc regiam urben, ejus que observantiam sequi.*

(3) *Gaius, Comment.* 4, § 101.

cundùm veterem regulam , alienæ rei sine Art.
satisdatione defensor idoneus intelligitur (1).

On connaissait à Rome une autre espèce
de caution *judicatum solvi*. Ce n'était plus la
caution de payer ce qui serait jugé, mais ce
qui avait été jugé. Tant que durèrent les actions de la loi, la partie condamnée pouvait
être appréhendée au corps, *per manus in-
jectionem* (2), conduite à la maison de son
créancier, et jetée dans les fers, si elle ne
fournissait une caution. D'où venait qu'au
temps de Gaius, on obligeait encore à donner , *pro judicato* , la caution *judicatum
solvi* (3).

Vous voyez que notre caution *à fournir par
les étrangers*, que nous appelons aussi caution *judicatum solvi*, se rapproche peu, dans
ses rapports et dans son application, des sûretés diverses dont se confortait l'âpreté de la
justice romaine.

Les *writs originaux*, en Angleterre, res-

---

(1) *Instit.*, lib. 4, *t.* 11, § 5, *et L.* 1, *Cod. de Sa-
tisdando.*

(2) **Voy.** mon premier volume, Introduction, p. 84,
aux notes.

(3) *Gaius*, *Comment.* 4, § 25.

ART. semblent fort aux formules de Rome ; de même on retrouve le cautionnement de la Novelle 112, dans celui que les noms de *John Doe* et de *Richard Roe* sont en possession de donner, en faveur de tout demandeur anglais, afin de répondre de la poursuite du procès (1).

En France, l'attaque et la défense, dans les tribunaux, ont été pendant long-temps affranchies des entraves du cautionnement. L'étranger lui-même venait y porter son action, sans qu'on l'arrêtât sur le seuil, pour lui demander des sûretés. « D'autant, disait-on, que le roi doit justice, tant à l'étranger qu'au Français (2). »

. Toutefois on se prit à considérer plus tard que l'exécution des sentences obtenues contre les étrangers était devenue fort difficile ; que les Français plaidant hors du royaume étaient tenus à bailler caution de payer le jugé; et l'on trouva bon d'y soumettre pareillement les étrangers qui se faisaient demandeurs en France.

(1) Voyez mon premier volume, p. 207.

(2) Bacquet, *Traité du droit d'Aubaine*, 2me partie, chap. 16, n° 6.

Le premier arrêt qui le jugea ainsi, fut ART.
rendu au Parlement de Paris, le 4 janvier
1562. Il y avait alors, si l'on en croit Bacquet,
une grande multitude d'étrangers *quorum*
fides valdè suspecta erat, et qui plaidaient à
outrance contre les Français (1).

On ne connaît aucuns édits, aucunes ordonnances de nos rois, touchant la caution
à fournir par les étrangers. La jurisprudence
de tous les Parlemens s'accorda pour en faire
une sorte de disposition générale, que nos
Codes ont trouvée en vigueur, et qu'ils ont
adoptée.

La plus éminente qualité, le plus haut
rang ne dispensaient point l'étranger de donner la caution : le comte Golowkin, ambas-
sadeur de la Czarine, y fut soumis, en 1732,
par arrêt du Conseil. En 1781, le prince de
Hohenlhoe, se prévalant de sa souveraineté,
fit de vains efforts pour en être affranchi.
« Pourquoi donc, disait M. l'avocat général
Séguier, un souverain serait-il exempt? Il
n'est souverain que dans ses états : sa qualité
est au contraire un titre de plus pour exiger
de lui la caution, puisqu'il ne serait pas pos-

(1) *Ibidem*, n° 7.

Art. sible de mettre à exécution, dans ses états, les condamnations qu'il aurait encourues (1). »

Mais dans les tribunaux de France, sauf quelques cas rares où la défaveur des choses et des personnes semblait justifier une extrême rigidité, jamais la caution *judicatum solvi* ne fut due de Français à Français. Nos mœurs judiciaires, plus franches et plus humaines que ne l'étaient celles de Rome, et que ne le sont celles que l'Angleterre affecte, furent toujours empreintes de cette pensée : que, s'il est fâcheux d'être exposé à dépenser beaucoup, sans espoir de recouvrement, pour repousser une folle demande, il serait trop cruel de réduire un malheureux, qui pourrait ne pas trouver de caution, à l'impuissance d'invoquer les secours des lois contre un usurpateur opulent (2).

(1) *Nouveau Denisart*, t. 4, p. 327. Il en doit être de même aujourd'hui; l'art. 166 du Code de procédure dit : tous *étrangers*, etc.

(2) On cite des arrêts des Parlemens de Paris, de Bordeaux et de Dijon, suivant lesquels des gens qui avaient fait cession de biens, des banqueroutiers, auraient été obligés à fournir la caution, sous le prétexte que, retranchés dans leur insolvabilité, ils pouvaient impunément susciter des procès à tort et à travers.

Aujourd'hui notre liberté d'introduire une ART.
instance devant les juges du pays est parfai-

(*Nouveau Denisart*, t. 4, p. 328.) Mais cette doctrine
n'était ni générale, ni constante. Elle n'était point ob-
servée aux Parlemens de Grenoble et de Toulouse.
(Basset, partie 2, tom. 1, pag. 139, et Serres, *Inst.*,
pag. 586.) D'autres arrêts du Parlement de Paris ont
jugé le contraire. (Bacquet, *Traité du droit d'aubaine*,
part. 2, chap. 16, n° 5.)

Dans les coutumes du Maine et d'Anjou, nul ne
pouvait intenter l'action *en retrait* (voyez mon premier
volume, pag. 229), sans fournir caution de payer le
jugé en cas de succombance, s'il n'était habitant du
ressort. (Olivier de St-Vast, *sur Maine*, art. 422, et
Dupineau, *sur Anjou*, art. 411.)

L'ordonnance de 1667, tit. 15, art. 13, y obligeait
formellement les *Dévolutaires*. Il faut savoir qu'autrefois
toute personne *in sacris* pouvait jeter un dévolu sur
un bénéfice, afin de se faire mettre, par autorité de
justice, à la place du bénéficier, en alléguant l'inca-
pacité, l'incompatibilité, la simonie, etc. Cela était
fort bon dans son principe, eu égard au choix des bé-
néficiers, et au soin qu'ils devaient prendre de se bien
observer. Mais tout se corrompt par l'abus. Des nuées
de dévolutaires fondirent sur les bénéfices, et l'on se
vit forcé de leur fermer les portes de l'audience, jusqu'à ce qu'ils eussent fourni la caution, « afin de di-
minuer leur nombre, et de réprimer la trop grande
témérité de ceux qui, n'ayant communément rien à

ART. tement entière, à moins qu'on ne veuille
considérer comme une restriction, en matière
de saisie immobilière, la condition imposée
au saisi qui arguë de nullité la procédure
postérieure à l'adjudication préparatoire, de
donner caution suffisante pour le paiement
des frais de l'incident(1). Mais vous remarquez
qu'il ne s'agit ici que d'un *incident*, et parti-
culièrement d'un incident qui s'élève presque
toujours en désespoir de cause, sur l'exécution d'un acte ou d'un jugement inattaquable.
Prétendrait-on aussi comparer à la véritable
caution *judicatum solvi*, la consignation de
150 fr. exigée de tout demandeur en requête
civile, pour les dommages-intérêts auxquels
il pourra être condamné? Ce serait une exor-
bitance d'analogie. La requête civile n'est
pas l'introduction d'une instance primitive,

perdre, se hasardaient à jeter partout des dévolus,
sous le moindre prétexte, et souvent sans autre prétexte que de vexer des possesseurs légitimes. » (Rodier,
p. 275.)

Une déclaration du roi, donnée le 10 mars 1776,
déchargea les dévolutaires de la caution; mais elle les
astreignit à consigner préalablement une somme de
1,200 livres.

(1) Décret du 2 février 1811.

c'est une supplication contre l'autorité de la chose souverainement jugée; c'est une de ces voies extraordinaires qu'il faut toujours rendre de difficile accès : *arctas, confragosas, et tanquam muricibus stratas* (1).

Revenons à la caution que doit fournir l'étranger.

Elle ne peut être exigée que de l'étranger *demandeur principal* ou *intervenant* (2), et non pas de l'étranger *défendeur*. La défense est de droit naturel : *actor voluntariè agit, reus autem ex necessitate se defendit.* Ce que j'ai dit jusqu'à présent me dispense de plus amples explications sur ce point capital.

Mais l'énonciation nominale des qualités que prennent les plaideurs, en se présentant devant les juges, n'exprime pas toujours au vrai leur position dans l'instance. Vous avez fait saisir des sommes ou des effets appartenant à un étranger; vous avez mis arrêt sur son vaisseau; il vous assigne afin d'avoir main levée : si l'on se tient à l'écorce du

ART.

166.

(1) Bacon, *Aphor.* 94.
(2) C'est-à-dire, de l'étranger *demandeur principal*, ou *demandeur intervenant*.

ART. mot, l'étranger est *demandeur*. En réalité,
fait-il autre chose que de se défendre
contre votre attaque? N'êtes-vous pas le véritable demandeur originaire? Et, forcé de procéder pour recouvrer la libre disposition de
ce que vous avez placé sous la garde de la
justice, l'étranger ne pourra-t-il obtenir l'entrée du tribunal qu'à la charge de fournir
préalablement caution de payer le jugé? On
décidait autrefois que, dans ce cas, il ne devait point y être soumis (1). Loin qu'il existe
aujourd'hui des raisons pour décider le contraire, les nouveaux principes du Code de
procédure sont venus à l'appui, car ils ont
explicitement départi le rôle de *demandeur* à
celui qui saisit, en l'obligeant à assigner lui-
même son adversaire, et à faire statuer sur la
validité de la saisie. Toutefois, si l'étranger
saisit en vertu d'un acte *exécutoire*, il n'aura
point de caution à fournir. Ce n'est plus un
demandeur qui agit afin d'obtenir une condamnation, c'est le souverain qui *mande* et
ordonne directement à ses officiers légalement

(1) Voyez *le Répertoire* et *les Questions de Droit* de
M. Merlin, v^is *Caution judicatum solvi*.

requis de prêter leur ministère pour l'exécu-   Art.
tion du titre (1).

L'étranger *défendeur* en première instance
a perdu son procès. Il interjette appel; sera-
t-il considéré comme *demandeur* devant la
Cour royale, et devra-t-il fournir la caution?
Non; l'appel n'est que la continuation de sa
défense.

Mais l'étranger demandeur, devant les premiers juges, a obtenu gain de cause; c'est le
défendeur qui se rend appelant. Au tribunal
supérieur, l'étranger est intimé, il se défend
contre l'appel. Qu'importe? L'étranger sera
toujours ce qu'il était originairement; il ne
cessera point d'être le demandeur; il ne se
défend contre l'appel que pour soutenir sa
demande; il devra donner la caution de payer
le jugé de cette seconde instance, s'il en est requis, et si l'exception n'a point été couverte(2).
Telle est l'opinion de tous les auteurs.

La caution peut être exigée de *tout* étranger
demandeur, dit la loi.   166.

---

(1) Voy. *Journal des Avoués*, t. 6, p. 541.
(2) On verra bientôt comment se couvre l'exception
de la caution *judicatum solvi.*

Art.   Le Français qui a abdiqué sa patrie s'est fait étranger ; et, comme l'étranger, s'il vient intenter un procès en France, il sera repoussé jusqu'à ce qu'il ait fourni caution pour le paiement du jugé (1).

Mais il n'est point de disposition, si générale qu'elle paraisse, qui ne cède à quelques exceptions.

L'étranger autorisé par le roi à établir son domicile en France, y jouit des droits civils (2). Or, c'est essentiellement un droit civil que la liberté de plaider sans cautionnement

---

(1) La qualité de Français se perd, 1° par la naturalisation acquise en pays étranger ; 2° par l'acceptation, non autorisée par le roi, de fonctions publiques conférées par un gouvernement étranger; 3° enfin, par tout établissement fait en pays étranger sans esprit de retour.

Les établissemens de commerce ne peuvent jamais être considérés comme ayant été faits sans esprit de retour. Code civ., art. 17.

Une femme française qui épouse un étranger, suit la condition de son mari. *Ibid.*, art. 19.

Le Français qui, sans autorisation du roi, prend du service militaire chez l'étranger, ou s'affilie à une corporation militaire étrangère, perd sa qualité de Français. *Ibid.*, art. 21.

(2) Code civil, art. 13.

préalable ; cet étranger en sera donc af- Art.
franchi.

La dispense dérive du droit international,
lorsqu'il s'agit d'un étranger appartenant à
un pays qui, dans ses *traités* avec la France,
a stipulé l'exemption réciproque de la caution *judicatum solvi*. Cependant, si le Français n'était admis à plaider sans caution,
chez l'étranger, qu'en vertu de la *loi* de
l'étranger, cette considération ne suffirait pas
pour que ce dernier fût admis à réclamer la
même faveur en France. La réciprocité ne
s'établit que par la clause spéciale d'un *traité*.
On n'a pas voulu que les lois de France pussent être modifiées par les lois d'un autre
pays, et que ce pays, en nous accordant un
droit de sa seule autorité, nous imposât la
nécessité d'accorder le même droit à ses ha-
bitans (1).

La caution peut être exigée en *toutes* matières, *autres que celles de commerce*. Il y
avait long-temps que cette exception était

(1) Voyez dans *la Législ. civ.*, etc., de M. Locré,
t. 1, la discussion de l'art. 11 du Code civil, au Conseil d'État.

Art. consacrée par un accord unanime, lorsqu'elle est entrée dans le texte de l'art. 16 du Code civil. Les lois qui gouvernent le commerce ne renferment point leur esprit et leur prévoyance dans les étroites démarcations d'un territoire ; elles ont créé comme une même patrie aux commerçans répandus dans le monde entier ; plus hospitalières que les lois civiles, plus favorables au crédit, plus sévères à la fraude, plus simples et plus hâtives, elles offrent à tous une égale liberté, une égale protection.

Cet hommage, rendu à la nature des relations qui unissent la grande famille des commerçans, se retrouve par analogie dans un vieil arrêt du Parlement de Paris, qui fit grâce de la caution *judicatum solvi*, en contemplation d'une autre espèce de confraternité. Deux chevaliers de Malte étaient en procès ; le demandeur était de nation étrangère ; la caution fut vainement réclamée par le défendeur. On décida que des hommes liés par les mêmes vœux, *confrères* par leurs statuts, ne pouvaient être respectivement considérés comme étrangers (1).

(1) L'arrêt est du 20 décembre 1595 ; il est rapporté par Anne Robert. *Rer. judicat.*, *lib.* 4, *cap.* 11.

La jurisprudence , qui seule venait d'in- ART.
troduire l'usage de la caution *judicatum solvi*,
pouvait bien alors se permettre ces écarts
d'analogie ; mais il y a une loi aujourd'hui , 423.
et cette loi n'excepte que les matières de
commerce.

Des anciens auteurs, sur la foi d'un arrêt
du 23 août 1571 mal rapporté par Bacquet,
ont enseigné que deux étrangers, plaidant l'un
contre l'autre, en France, devaient respectivement fournir la caution (1), ou, en d'autres
termes, que le défendeur ne pouvait l'exiger
de son adversaire qu'en offrant lui-même de
la donner. C'était une erreur. L'arrêt se trouve
dans le recueil d'Anne Robert; on y voit que
la question agitée se bornait simplement à
savoir si l'assignant était tenu de se faire
cautionner, quand l'assigné n'était pas plus
Français que lui : *Cùm inter duos peregrinos
lis mota et in judicium deducta esset, quæ-
situm est in senatu an* ACTOR *de judicato cavere
et satisdare teneretur ;* et il fut déclaré que

_____

(1) Argou, l. 1 , chap. 11 ; Pothier, *Traité des personnes*, tit. 2 , sect. 2 , n° 2 , et le Nouveau Denisart,
t. 4, p. 329.

Art. toute audience serait déniée au *demandeur*, jusqu'à ce qu'il eût une caution à présenter : *Senatus* ACTOREM *peregrinum non antè ad litis persecutionem admitti voluit, quàm judicatum solvi satisdedisset* (1). Cela ne ressemble point à ce qu'on a fait dire au Parlement de Paris.

Devrait-on encore juger de même sous l'empire de nos Codes ?

M. Pigeau (2) et M. Duranton (3) se sont prononcés pour la négative. Leur opinion est fondée sur ce que la caution *judicatum solvi* est une institution de notre droit civil, dont les effets ne peuvent profiter qu'aux Français, et aux étrangers admis à l'exercice des droits civils.

Cet avis ne me semble pas le meilleur.

C'est la faculté de poursuivre une action, sans être tenu de se faire *pleiger*, comme on

---

(1) Anne Robert, *Rerum judicatarum, lib.* 4, *cap.* 11.

(2) *Traité de la procéd.*, t. 1er, p. 159.

(3) Tome 1, p. 105, no 166.

M. Merlin, *Répert.*, t. 2, p. 104 et 105, et t. 16, p. 139 : M. Favard, t. 2, p. 456, et M. Carré, t. 1, p. 432, n. 702, soutiennent au contraire que l'étranger demandeur doit fournir caution, si l'étranger défendeur la requiert.

disait au vieux temps, qui est un droit civil. Art.
De là vient que la caution ne peut être exigée
de ceux qui jouissent des droits civils.

Et puis il faut remarquer qu'en accordant
cette sûreté aux *défendeurs*, on a moins considéré les résultats de l'insolvabilité possible de
l'étranger qui les attaque, que l'impuissance
dans laquelle ils seraient de faire exécuter,
hors de France, les condamnations de dépens
et de dommages-intérêts qu'ils pourraient obtenir. M. Merlin l'a fort judicieusement ob-
servé, à l'occasion du traité conclu le 4 ven-
démiaire an XII, entre la France et les cantons
Helvétiques (1). L'art. 14 de ce traité porte :
« Qu'il ne sera exigé des Français qui auraient
à poursuivre une action en Suisse, et des
Suisses qui auraient une action à poursuivre
en France, aucun droit, *caution* ou *dépôt*,
auxquels ne seraient pas soumis les nationaux
eux-mêmes, conformément aux lois de chaque
endroit. » Cet article, dit M. Merlin, était
parfaitement inutile; car celui qui le suit,
renouvelant les anciens traités de 1658, de
1777 et de l'an VI, déclare que, « Les jugemens définitifs, en matière civile, ayant

(1) *Répert.*, t. 16, p. 139.

Art. force de chose jugée, rendus par les tribunaux français, seront exécutoires en Suisse, et réciproquement, après qu'ils auront été *visés* par les envoyés respectifs (ce qui n'est qu'une simple légalisation), ou, à leur défaut, par les autorités compétentes du pays. »

Or, tout jugement rendu contre un Français, ou contre un étranger autorisé par le roi à résider en France, est incontestablement exécutoire en France. C'est pourquoi le Français, et l'étranger qui jouit de nos droits civils, ne donnent pas de caution, lorsqu'ils veulent intenter un procès , fussent-ils notoirement insolvables. C'est encore pourquoi la loi ne soumet point au cautionnement un demandeur, par cela seul qu'il aurait fait cession de biens.

Mais que deux étrangers, non autorisés à résider en France, s'y mettent en procès ; le jugement qui donnera gain de cause au défendeur, et qui lui adjugera des dépens et des dommages-intérêts, sera-t-il exécutoire dans le pays du demandeur? Non. La caution pourra donc être exigée.

Ainsi, vous le voyez, le droit de réclamer la caution *judicatum solvi*, n'est qu'une garantie naturelle de la défense ; et nos lois, en

le consacrant, ne devaient, ni ne pouvaient Art.
en faire un privilége pour les nationaux. L'é-
tranger qui assigne en France un autre étranger, a calculé ses chances, il a suivi l'impul-
sion de sa propre volonté, il a connu la condition qui lui était imposée pour agir : *non
est difficultas quam aliquis volens sibi procu-
rat*. Mais l'étranger assigné cède à la nécessité de se défendre ; il serait inhumain, il
serait impolitique de lui refuser, sur notre
sol, la protection et les sûretés que sollicite
une position qu'il ne s'est pas donnée.

Pourquoi ne décline-t-il pas la juridiction
des tribunaux français? dit M. Duranton.

Je réponds d'abord qu'il ne le peut pas
toujours ; par exemple, quand il s'agit d'immeubles situés en France (1), ou quand il
est poursuivi en matière criminelle, correc-
tionnelle ou de police, sur la plainte d'un
autre étranger qui s'est rendu partie civile (2).

(1) Code civil, art. 3.
(2) *Ibidem*. Le Code civil disant que l'étranger *demandeur* sera tenu de fournir la caution, *en toutes matières*, autres que celles de commerce (art. 16), il en
résulte que ni les matières de justice de paix, ni les
matières criminelles, correctionnelles ou de police, ne
sont exceptées. Voyez l'arrêt de la Cour de cassation

Art. J'ajouterai que l'étranger défendeur qui se
soumet à la juridiction devant laquelle il a
été appelé, lors même qu'il lui serait loisible
de la décliner, doit être présumé ne l'avoir
acceptée qu'en vue d'une garantie tout aussi
rassurante que celle qu'il trouverait chez lui.
Les articles de nos Codes, en parlant du
défendeur à qui la caution sera fournie, s'il
la requiert, ne font aucune distinction par
rapport à son pays. Et je pense que l'étranger
demandeur, après avoir saisi un tribunal
français, aurait assez mauvaise grâce à dire
à l'étranger défendeur qui requiert la caution:
Pourquoi ne déclinez-vous pas?

La requête tendant à ce que la caution soit
fournie, est signifiée d'avoué à avoué (1). La
caution est présentée et reçue conformément
aux règles générales qui sont prescrites par le
titre 1er du livre 5 du Code de procédure. Ce

du 3 février 1814, rapporté au Journal des Avoués,
t. 6, p. 564.

(1) Tarif, art. 75. Cette requête, de même que celle
qui est signifiée en réponse, ne peut excéder deux
rôles.

titre sera expliqué en son lieu. Devant le juge Art.
de paix, la réquisition serait faite verbale-
ment, et la caution serait reçue au greffe de
la justice.

C'est le tribunal qui tarife la somme du
cautionnement, eu égard à l'espèce de la
cause, et au montant présumable de ce que
le demandeur aurait à payer, s'il venait à
succomber. On ne doit faire entrer avec les
dépens, dans les éventualités de l'estimation,
que les dommages-intérêts *résultant du procès*, c'est-à-dire les dommages que le défendeur pourrait éprouver par suite de l'action
intentée contre lui.

Il est fort clair que les dommages-intérêts,
dérivant d'une source antérieure, composeraient, non un accessoire, mais un chef principal de demande.

Or, la caution ne peut jamais être due pour
le *principal* de la demande. Le demandeur
perd-il sa cause? il n'aura rien à recevoir;
la gagne-t-il? c'est le défendeur qui devra
payer.

Si vous supposez que ce soit le défendeur
qui réclame, par forme de *réconvention*, des
dommages-intérêts dont l'origine préexistante
se détache du procès actuel et n'y tient par

aucune influence, cette contre-prétention ne sera pas recevable, parce qu'elle procèderait *ex dispari causâ* (1) ; en admettant qu'elle le fût, le défendeur se constituerait demandeur quant à ce, et la caution n'est jamais due au demandeur. On a voulu néanmoins en faire une question, parce que le Code civil dit, art. 16, que l'étranger demandeur sera tenu de fournir caution *pour le paiement des frais et dommages-intérêts résultant du procès*, tandis que le Code de procédure emploie cette autre locution : *pour le paiement des frais et dommages-intérêts auxquels il pourra être condamné* (2). En vérité, il n'y avait pas matière à dispute, et je ne sais comment on a pu mettre en doute si les dommages-intérêts qui *pourraient être prononcés*, selon le Code de procédure, sont bien ceux *résultant du procès*, selon le Code civil. Il ne faut pas que les mots étouffent les idées.

Les amendes qui sont encourues par l'étranger demandeur, et qui n'ont pas dû être consignées avant la poursuite de l'in-

---

(1) Voyez M. Toullier, t. 7, p. 428 et suivantes, et mon second vol., pag. 4, *in fine*, et suiv.

(2) M. Carré, *Lois de la Procéd.*, t. 1, p. 429.

stance (1), n'entrent point dans la fixation
du cautionnement. Même en matière civile,
l'amende est une peine; c'est le fisc qui
en profite, et la caution n'est pas tenue des
condamnations pénales : *Fidejussores pœna-
libus actionibus non astringuntur, in quas
inciderint ii pro quibus intervenerunt* (2).

Les juges inférieurs ne doivent pas davantage comprendre, dans leurs prévisions, la
contingence des frais de l'appel. Bacquet
rapporte l'espèce d'un procès mû en 1575, où
cette proposition fut débattue; on disait :
*Fidejus sor judicatum solvi acceptus in primâ
causâ, non tenetur in eo quod posteà judicatur
in causâ appellationis....., quia causa appellationis est diversa à causâ principali, est
que instantia diversa* (3); et la décision y fut
conforme (4).

L'estimation du cautionnement ne demeure
pas toujours définitivement arrêtée. Ni la lettre
ni l'esprit de la loi ne s'opposent à ce que le

(1) Pour l'appel et pour la requête civile, l'amende
doit être consignée d'avance.

(2) *L.* 17, *ad municip.*, § 15.

(3) *Argument.*, *l.* 3 et 20, *ff. judicatum solvi.*

(4) *Traité du droit d'Aubaine*, p. 2, chap. 16, n. 9.

Art. tribunal ordonne, durant le cours du procès, qu'un supplément sera fourni, s'il survient une complication d'incidens inattendus, et si la somme, réputée suffisante dès le principe, se trouve évidemment absorbée par les premiers frais d'une instruction qui paraît ne pas .toucher encore à son terme (1). Il ne serait même pas dans l'intérêt de l'étranger qu'il en fût autrement ; car alors les juges n'y pouvant plus revenir, se verraient obligés, de prime abord, à élever la somme, pour laquelle une caution devra être présentée, bien au-dessus de ce qui pourrait être nécessaire.

L'étranger qui consigne la somme fixée par les juges est dispensé de fournir une caution.

Celui qui possède des immeubles en France est également dispensé, s'il justifie que ces immeubles sont de valeur à présenter une garantie suffisante. C'est la traduction d'une loi romaine : *Sciendum est possessores immobilium rerum satisdare non compelli* (2).

_____

(1) Arrêt de la Cour de Metz, du 13 mars 1821. *Journal des Avoués*, t. 6, p. 578.

(2) *L.* 15, *ff. qui satisd. non cog.*

Ulpien a dit que le simple usufruitier ne
devait pas être considéré comme possesseur
d'immeubles : *Eum verò qui tantùm usum-
fructum habet, possessorem non esse.* On décidait autrement pour l'emphytéote : *Sed et
qui vectigalem, qui est emphyteuticum agrum,
possidet, possessor intelligitur;* et pour celui
qui n'avait que la nue propriété d'un fonds :
Qui solam proprietatem habet (1). M. Merlin
pense que ces dispositions peuvent servir de
commentaire à l'art. 16 du Code civil (2).

Il s'est agi de savoir, entre des auteurs fort
graves, si le défendeur a le droit de prendre
une inscription hypothécaire sur les biens
qui tiennent lieu de caution à l'étranger qui
les possède.

M. Delvincourt avait enseigné le premier que
la simple justification de propriété n'était pas
assez rassurante, parce que l'étranger pourrait vendre avant la fin du procès ; que d'ailleurs il faudrait toujours un jugement pour
constater l'existence et la suffisance des immeubles, et que, ce jugement produisant hy-

(1) *Ibidem.*
(2) Par conséquent à l'art. 167 du Code de procéd.
Voyez le *Répert.*, t. 16, p. 139.

Art. pothèque (Code civil, art. 2123), le défendeur se trouverait incontestablement autorisé
à prendre une inscription (1).

Ce système fut adopté par M. Favard (2)
et par M. Pigeau (3). Mais il a été rejeté par
M. Toullier (4), par M. Merlin (5), par M.
Duranton (6), qui se sont contentés d'énoncer, dans des notes assez brèves et assez tran-
chantes, que la caution *judicatum solvi* est
de droit exceptionnel ; qu'on ne doit pas
ajouter à la rigueur de la loi, et que la qualité de propriétaire, dans la personne de l'é-
tranger, a pu raisonnablement constituer,
aux yeux du législateur, une garantie suffisante. M. Dalloz (7) se range aussi de ce côté;
toutefois il a traité la question plus sérieusement. Je vais examiner ses motifs :

« Quand l'étranger possède des immeubles
en France, dit-il, et que ces immeubles sont

(1) T. 1, p. 199, note 7.
(2) T. 2, p. 457.
(3) *Comment.*, t. 1, p. 375.
(4) T. 1, p. 237, note 1.
(5) *Répert.*, t. 16, p. 140.
(6) T. 1, p. 104, note 2. Voyez aussi le *Comment.*
de M. Thomines des Mazures, t. 1, p.
(7) *Jurisp. génér.*, t. 7, p. 581.

de quelque importance, il offre à peu près Art.
autant de garantie que le règnicole ; il en
offre même beaucoup plus que le Français
prolétaire qui, fût-il évidemment insolvable,
n'est cependant pas soumis à la caution *judicatum solvi.* »

Je ferai d'abord observer que ces considérations ne touchent point au vif de la question : car il ne s'agit pas de comparer la garantie offerte par l'étranger qui possède des
immeubles en France, avec celle que peut
présenter, en général, un Français propriétaire, et, en particulier, un Français prolétaire. Les Français ne sont pas soumis chez
eux à la caution *judicatum solvi*, parce que
cette franchise de leurs actions judiciaires est
un des droits civils qui leur appartiennent ;
c'est un privilége de nationalité. Mais la loi
veut que l'étranger donne caution de payer
le jugé : or, je demande où seront les sûretés
immobilières qu'il a offertes pour tenir lieu
de la caution, s'il vient à vendre ses biens
avant l'issue du procès, et si le défendeur
n'est pas autorisé à prendre une inscription
hypothécaire, pour se prémunir contre ce
manque de foi ? Qui veut la fin, veut les
moyens. On m'objectera peut-être que l'é-

ART. tranger venant à vendre ses immeubles, le
défendeur rentrera dans le droit d'exiger la
caution. Je ne le nie pas; mais déjà des frais
considérables auront été accumulés; la vente
n'aura été faite que la veille du jugement;
l'étranger aura disparu, et avec lui tout espoir de recouvrement pour les dépens et les
dommages-intérêts.

M. Dalloz continue : « Quant à l'argument
tiré du jugement qui doit être rendu pour
déclarer la suffisance des biens, ce jugement
ne sera nécessaire qu'autant que cette suffisance sera contestée; et elle le sera rarement,
si l'on considère qu'en général la caution
judicatum solvi ne peut s'étendre à une somme
élevée; ce qui montre déjà que, dans le système de MM. Delvincourt et Favard, l'hypothèque n'existerait qu'en cas de contestation
sur l'importance des immeubles. Mais, dans
ce cas même, ne serait-il pas déraisonnable de
l'admettre, puisqu'il en résulterait que le défendeur, en contestant mal à propos la suffisance des biens, obtiendrait du jugement qui
aurait condamné sa prétention, une hypothèque qu'il n'aurait point eue sans l'injuste
procès qu'il a suscité à l'étranger? Une semblable conséquence montre assez que la doc-

trine d'où elle découle ne saurait être vraie,   Art.
et que l'art. 2123 du Code civil ne peut recevoir ici aucune application ; car l'hypothèque judiciaire n'existe, comme cet article a
pris soin de le dire, qu'en faveur de celui qui
a obtenu le jugement, et *non au profit de la
partie qui a succombé.* »

Ces raisonnemens tendent seulement à
prouver que l'hypothèque judiciaire ne peut
être acquise au profit du défendeur, par
le jugement qui a repoussé ses allégations
touchant la prétendue insuffisance des immeubles. Mais c'est une application beaucoup
trop générale, et qui donne à l'art. 2123 un
sens limitatif qu'il ne comporte pas, surtout
en matière de cautionnement. Il importe
de remarquer que l'étranger qui veut faire
accepter la garantie de ses immeubles, au lieu
de la caution qu'il est tenu de donner, demande à être reçu caution de lui-même (1).
Or, quand une caution doit être fournie, il
arrive souvent que la solvabilité de cette caution est contestée, et si l'on juge qu'elle est
bonne et suffisante, celui qui contestait, et qui
a perdu son procès sur ce point, n'acquiert

(1) Voyez M. Pigeau, *Comment.*, t. 1, p. 37.

ART. pas moins une hypothèque sur les biens de la caution. C'est M. Dalloz lui-même qui le dit, au mot *Hypothèque*, dans sa *Jurisprudence générale* (1) : « Lorsque la caution judiciaire *est contestée*, et qu'il intervient jugement pour l'admettre, ce jugement *est productif d'hypothèque*, parce que c'est à dater de ce moment que la caution se trouve éventuellement soumise au paiement de la dette. » Et plus bas, il ajoute : « Le législateur avait-il besoin, soit au titre du cautionnement, soit dans le Code de procédure, d'énoncer que le jugement de réception de la caution serait productif d'hypothèque? Ne devait-il pas, à cet égard, s'en référer aux principes généraux (2)? »

En résumé, c'est l'opinion de M. Delvincourt qu'il faut suivre. Ceux qui ont entrepris de la discuter se sont abstenus de répondre à ces questions : Quel est le but de la loi? N'est-ce pas de donner sûreté au défendeur contre l'étranger qui l'attaque? Et comment ce but sera-t-il atteint si l'on refuse au défendeur le droit de s'inscrire sur les immeubles

(1) T. 9, p. 172.

(2) Voyez un arrêt de la Cour de Metz, du 27 août 1817, rapporté au *Journal des Avoués*, t. 6, p. 572.

que l'étranger possède, et qu'il offre en garantie, pour être dispensé de donner une
caution ?

M. Toullier et M. Duranton ne veulent
point qu'on ajoute aux rigueurs de la loi. Mais
où donc serait cette rigueur extraordinaire ?
Dira-t-on que l'inscription peut empêcher
l'étranger de disposer de ses biens ? Il n'a qu'à
offrir de donner caution, ou de consigner la
somme fixée, et l'inscription ne subsistera
plus. Chacun sera dans son droit.

Le droit de requérir la caution de l'étranger n'a été établi que dans l'intérêt particulier
du défendeur. Il peut y renoncer, et l'on présume qu'il y a renoncé quand il ne l'a pas
demandée de prime abord, *à limine litis.*   166.
« Il serait contraire à toutes les règles de justice et de bienséance qu'après qu'un étranger
aurait long-temps plaidé devant un tribunal,
on vînt lui faire l'injure de demander une
caution pour éloigner le jugement (1). » Par
une conséquence tout enécessaire, il n'est pas
permis aux juges d'ordonner *d'office* qu'elle
sera fournie.

(1) Observations du Tribunat sur l'art. 166.

Art.

L'ordre dans lequel les exceptions doivent être proposées, est indiqué par la place que le Code a donnée à chacune d'elles.

La caution *judicatum solvi* se présente la première, parce qu'elle a pour objet d'assurer le recouvrement des frais de toutes les autres exceptions, et de toutes les défenses, qui pourront être employées contre l'action de l'étranger.

Mais voici une difficulté : l'article 166 du Code veut que la caution soit requise *avant* TOUTE *exception ;* et l'art. 169 porte que l'exception de renvoi (1) sera proposée *préalablement à* TOUTES *autres exceptions et défenses ;* puis on lit dans l'art. 173, que les nullités d'exploit devront être présentées *avant* TOUTE *exception, autre que les exceptions d'incompétence.* Comment concilier ces dispositions, qui semblent, si je puis ainsi parler, se disputer le pas? M. Pigeau (2) et M. Berriat-St-Prix (3) disent que la première a été modifiée par celles qui suivent, et que l'incompétence

____

(1) Pour cause d'incompétence.
(2) *Comment.*, t. 1, p. 374 et 380.
(3) T. 1, p. 228, note 45.

et la nullité ont repris le rang de priorité qui venait d'être départi à la caution *judicatum solvi*. M. Carré (1) et M. Dalloz (2) adoptent un moyen terme ; ils estiment que l'on peut indifféremment requérir la caution, soit avant, soit après les exceptions d'incompétence et de nullité.

A mon avis, il n'est pas supposable que le législateur ait eu la frivole intention de cisailler son plan, à mesure qu'il travaillait à le tracer , et de mettre en flagrant conflit les articles de son Code.

Ce que l'on voudrait qu'il eût fait, est précisément ce qu'il n'a pas voulu faire. Le Tribunat avait demandé que l'art. 166 fût ainsi conçu : « Tous étrangers demandeurs principaux ou intervenans seront tenus, si le défendeur le requiert, *avant toute exception, autre que celle de renvoi ou de nullité*, de fournir caution, etc. » Les mots *avant toute exception*, qui ne se trouvaient pas dans le projet, furent seuls ajoutés, quand on arrêta la rédaction définitive au Conseil d'État; le reste ne fut point admis. Évidemment il de-

(1) *Lois de la procéd.*, t. 1 , p. 433.
(2) *Jurisp. génér.*, t. 7, p. 582.

Art. meura bien entendu que la caution serait
requise, non après, mais avant les exceptions d'incompétence et de nullité.

Ce système est beaucoup plus rationnel
que l'autre. En effet, le défendeur veut-il
prétendre que le tribunal où l'étranger l'a
traduit n'est pas compétent? Il est possible,
surtout si l'on agite des questions de domicile, que les débats soient longs et coûteux,
qu'il devienne indispensable de lever des
actes, de rapporter des extraits, de faire des
enquêtes, etc. Ce sera plus ou moins d'argent
déboursé, dont la rentrée restera fort incertaine, si l'exception de caution n'a pas
précédé l'exception d'incompétence. J'aurais
la même chose à dire, dans le cas où il s'a-
girait de la nullité de l'exploit.

On dira que je laisse sans application
cette disposition de l'article 169 : « La demande en renvoi devant les juges compétens
sera formée *préalablement à toutes autres exceptions et défenses ;* » et cette autre de l'article 173 : « Toute nullité d'exploit ou d'acte
de procédure sera couverte, si elle n'est proposée *avant toute défense ou exception, autre
que les exceptions d'incompétence.* »

Je répondrai que cela s'applique à ce qui

vient après, dans l'ordre des articles; à l'exception dilatoire pour faire inventaire et délibérer; à l'exception de garantie; à celle qui
tend à obtenir la communication des pièces;
et je maintiendrai qu'on ne peut en induire
aucune abrogation ni modification rétrospec-
tive, à l'égard de ce qui avait été antérieure-
ment réglé pour la caution *judicatum solvi.*

La loi veut que la caution soit requise avant
TOUTE exception, et la loi doit être entendue
dans le sens qui conserve sa volonté : *Beni-
gniùs leges interpretandæ sunt, quò voluntas
earum conservetur* (1).

La caution est tout-à-fait à part et en dehors
des autres exceptions; elle laisse entiers tous
les droits, tous les moyens, toutes les prétentions du procès; ce n'est qu'une sûreté relativement aux frais; il faut donc la requérir,
aussitôt qu'il y a des frais à faire.

Ce n'était point assez de cette garantie de
cautionnement contre la témérité de l'étranger
qui attaque, il fallait encore pourvoir à la
sûreté des condamnations que le Français
peut obtenir contre l'étranger qui se défend.

(1) *L.* 18, *ff. de Legibus.*

Quel que soit son pays, celui que j'appelle
devant un de nos tribunaux doit y trouver
accès libre et facile : la défense est de droit
naturel. Mais si je le fais condamner, ne
serait-ce pas outrer la longanimité que de
lui laisser ouverte la voie qui va le dérober
aux atteintes de la justice de France ?

Autrefois, en toutes matières, les jugemens
rendus contre les étrangers étaient généralement exécutoires par corps. Vous savez comment le droit de propriété succomba dans sa
lutte avec l'effrénée liberté de 1793 (1). L'a-
bolition de la contrainte par corps fut décrétée; les étrangers en profitèrent; et lorsque
l'on sentit le besoin de la rétablir, on ne
songea point à eux. L'omission, faiblement
relevée d'abord par une loi du 4 floréal de
l'an VI, ne fut complétement réparée que par
celle du 10 septembre 1807, laquelle fut rendue, suivant ce que rapporte M. Merlin (2),
« parce que des marchands de Paris venaient
d'être dupes d'un grand seigneur russe, qui
avait disparu sans payer ce qu'il leur devait. »
L'une et l'autre de ces lois sont abrogées; leurs

(1) Voyez ci-dessus, t. 2, p. 525.
(2) *Questions de Droit*, v° *Etranger*, § 2, n. 2.

dispositions se reproduisent aujourd'hui, plus Aʀᴛ.
nettement et plus humainement combinées,
dans le titre 3 de la nouvelle loi du 17 avril
1832.

« Tout jugement qui interviendra au profit
d'un Français contre un étranger *non domicilié en France*, emportera la contrainte par
corps, à moins que la somme *principale* de
la condamnation ne soit inférieure à cent cinquante francs, sans distinction entre les dettes
civiles et les dettes commerciales (1). »

Vous ne trouvez plus ici les principes qui
régissent l'exception de la caution *judicatum
solvi*. Le Français seul a le privilége de faire
exécuter son jugement par corps ; l'étranger
admis à jouir des droits civils en France ne
pourrait pas l'invoquer contre un autre étranger, car il n'est pas Français (2).

Remarquez aussi que l'étranger condamné,
pour être affranchi de la contrainte, doit être

(1) Art. 14 de la loi du 17 avril 1832, *sur la Contrainte par corps*.

(2) Arrêt de la Cour de Douai du 7 mai 1828. *Journal des Avoués*, t. 36, p. 14. Cet arrêt a été rendu
sous l'empire de la loi de 1807, mais le texte était le
même que celui de la loi de 1832.

ART. domicilié en France; il ne suffirait pas qu'il fût autorisé à y résider, et qu'il y possédât des propriétés, des établissemens de commerce (1).

La loi de 1832, de même que celle de 1807, est une loi de police et de sûreté, dont le but est de protéger l'intérêt national. Elle s'étend aux mineurs, comme aux majeurs étrangers; elle n'excepte que les femmes, quand elles ne sont pas stellionataires (2).

Cette restriction, qui ne permet pas d'exercer la contrainte par corps, *si la somme* PRINCIPALE *de la condamnation est inférieure à cent cinquante francs*, indique assez que l'étranger n'est point contraignable pour les dépens du procès (3), et qu'il participe à cette faveur de notre droit commun.

Cependant, averti par l'ajournement qu'il a reçu, l'étranger va disparaître et se dérober facilement aux justes rigueurs dont il est me-

(1) Arrêt de Douai du 9 décem. 1829. *Ibid.*, t. 42, p. 8.

(2) Arrêt de Paris, du 9 mai 1830. *Ibid.*, tom. 39, p. 181.

(3) A moins que les dépens ne soient adjugés pour tenir lieu de dommages-intérêts. Voyez mon deuxième volume, p. 535 et 540.

nacé. Devra-t-on attendre, dans tous les cas, pour s'assurer de sa personne et pour immobiliser la seule garantie à laquelle il soit possible de se prendre, que les tribunaux aient prononcé sur le fond du litige? Non. Voici comment le législateur a su adoucir une mesure qui paraît sévère au premier aspect, et prévenir par de sages précautions tous les abus et toutes les vexations qu'elle pourrait entraîner :

« Avant le jugement de condamnation, mais *après l'échéance* ou *l'exigibilité* de la dette, le président du tribunal de première instance dans l'arrondissement duquel se trouvera l'étranger non domicilié, pourra, *s'il y a des motifs suffisans*, ordonner son arrestation provisoire sur la requête du créancier français.

» Dans ce cas, le créancier sera tenu de se pourvoir en condamnation dans la huitaine de l'arrestation du débiteur, faute de quoi celui-ci pourra demander son élargissement.

» La mise en liberté sera prononcée par ordonnance de référé (1), sur une assignation

(1) J'ai déjà eu occasion de dire quelques mots

Art. donnée au créancier, par l'huissier que le président aura commis dans l'ordonnance même qui autorisait l'arrestation, et, à défaut de cet huissier, par tel autre qui sera commis spécialement (1). »

Ces dispositions sont parfaitement agencées ; elles se conçoivent fort bien. Ce n'est point encore la contrainte par corps avec toute la rigueur de ses formalités; le jugement n'est pas rendu : ce n'est qu'une arrestation provisoire, sans significations préalables (2). Le président l'ordonne *s'il y a des motifs suffisans*. Il va sans dire que l'étranger n'est pas appelé pour discuter ces motifs, car il partirait au lieu de venir s'expliquer ; mais il ne peut être arrêté qu'après l'expiration du temps où la dette aurait dû être acquittée. La présomption est contre lui ; toutefois ses excep-

touchant cette juridiction des *référés*, dévolue au président d'un tribunal civil de première instance, pour régler provisoirement les cas où se montre une imminence de préjudice, que la marche ordinaire de la justice et l'attente de l'audience accoutumée pourraient rendre irréparable. Voyez ci-dessus, t. 2, p. 164 et 165.

(1) Art. 15 de la loi du 17 avril 1832.
(2) Art. 32, § 2, de la loi du 17 avril 1832.

Art.

tions et ses défenses restent entières. La demande est-elle jugée, en définitive, non recevable ou mal fondée? l'étranger illégalement arrêté obtient des dommages-intérêts. Est-il condamné? l'arrestation se trouve légitimée.

Je m'assure que vous n'avez pas manqué de pressentir dans la loi l'article qui suit :

« L'arrestation provisoire n'aura pas lieu, ou cessera, si l'étranger justifie qu'il possède *sur le territoire français* un établissement de commerce ou des immeubles, le tout d'une valeur suffisante pour garantir le paiement de la dette, ou s'il fournit pour caution une personne domiciliée en France, et reconnue solvable (1). »

Une remarque importante doit être faite sur cet article, c'est qu'il s'applique seulement à l'arrestation provisoire qui précède le jugement. Il ne faut pas croire qu'après la condamnation obtenue contre lui, l'étranger puisse éviter la véritable contrainte par corps, soit en justifiant de ses possessions dans le royaume, soit en présentant une caution : le jugement affecte ensemble au paiement de

(1) Art. 16 de la loi du 17 avril 1832.

Aʀᴛ. la dette, et comme autant de gages , sa personne et ses biens de France , s'il en a.
L'exercice de la contrainte par corps , dit
l'article 2069 du Code civil, n'empêche ni ne
suspend les poursuites et les exécutions sur
les biens.

La loi du 17 avril 1832 a gradué la durée
de la contrainte en général, suivant l'importance des condamnations que portent les jugemens (1). Ces dispositions nouvelles trou-
veront mieux leur place au chapitre qui
traitera *de l'Emprisonnement* et de ses formes.

(1) Art. 17.

CHAPITRE XII.

DES EXCEPTIONS DÉCLINATOIRES.

J'APPELLE *Exceptions déclinatoires* ce que le Code de procédure comprend sous la dénomination générale de *Renvois* (1). Il me semble que c'est qualifier mieux la matière de ce chapitre.

L'harmonie d'un système tient surtout à l'unité de l'expression.

Il y a, au titre des EXCEPTIONS, un paragraphe 4 pour les *Exceptions dilatoires*. Fallait-il donc emprunter le terme de *Renvoi* à ces époques de querelles féodales où les seigneurs venaient revendiquer leurs justiciables, pour en intituler le paragraphe 2 qui traite des *Exceptions déclinatoires ?*

ART.

(1) Titre *des Exceptions*, § 2.

Ce désaccord a jeté de la confusion sur
d'autres textes. La demande *en Renvoi* se
nomme *Exception d'incompétence* dans l'article 173, puis elle redevient l'ancienne *Exception déclinatoire* dans les articles 83, 424
et 425.

Ne croyez pas qu'il n'y ait ici d'autre intérêt que celui de quelques mots qui se disputent la rubrique d'un chapitre : ce sont des
idées qui se faussent et qu'il convient de re-
dresser.

Un tribunal, lorsqu'il reconnaît son incompétence, ne *renvoie* point l'affaire devant
tels autres juges qu'il désigne ; il se borne à
déclarer qu'il n'a pas le pouvoir de statuer.
C'est comme si l'action n'avait pas été intentée (1) ; il faut un nouvel ajournement pour
saisir de nouveaux juges.

Au contraire, le *Renvoi* suppose une action
qui subsiste, une cause toute liée qui se transporte, avec les parties, d'une juridiction à une
autre. Tel le renvoi que la nécessité com-

---

(1) Cependant elle sert à interrompre la prescription,
parce que la citation en justice, donnée même devant
un juge incompétent, n'est pas moins une interpellation judiciaire. Voyez l'art. 2246 du Code civil.

mande, lorsque, par suite d'empêchemens, Art. de récusations ou de déports, les juges qui devaient prononcer ne se trouvent plus en nombre suffisant, ou lorsqu'il n'y a pas assez d'avoués pour représenter les intérêts distincts de tous les plaideurs dans la même instance. Tel le renvoi que demande la partie qui compte, parmi les membres du tribunal, des proches parens ou alliés de son adversaire. Tel le renvoi pour cause de sûreté publique, et de suspicion légitime. Tel encore le renvoi après cassation (1).

Les renvois proprement dits ne sont ordonnés que par des juges supérieurs, parce qu'un renvoi est un mandement de juger. Un tribunal ne peut renvoyer à un autre tribunal du même degré : *par in parem non habet imperium.*

Mais tout tribunal, quel que soit son rang dans la hiérarchie, a le droit de statuer sur sa compétence : *ejus est enim œstimare an sua sit juridictio* (2). Refuse-t-il de retenir l'af-

---

(1) Les règles relatives à ces différentes sortes de *Renvois* seront expliquées au chapitre 24.

(2) *L.* 5 , *ff. de Judiciis.*

Art. faire? il donne ses motifs, et il dit aux parties
de se pourvoir *devant qui de droit.*

C'en est assez, je pense, pour justifier le
changement de mots que j'ai osé me permettre,
et pour faire ressortir la nuance qui distingue
une demande en renvoi, d'une exception déclinatoire.

Je reprends la trace des idées que j'ai déjà
émises, touchant l'ordre dans lequel les exceptions doivent être proposées (1).

J'ai dit que la caution *judicatum solvi* se
présentait la première. C'est une sûreté pour
le recouvrement des frais; le défendeur, s'il
veut l'obtenir, est tenu de la requérir aussitôt
qu'il y a des frais à faire, et quelquefois il en
faut faire autant pour savoir où l'on plaidera,
que pour plaider. Demander préalablement
caution à l'étranger qui vous assigne, ce n'est
point reconnaître que l'on soit compétemment
ou valablement assigné.

Les exceptions déclinatoires ne viennent
donc rationnellement qu'en seconde ligne;
169. mais elles doivent précéder toutes les autres,

_____

(1) Voyez ci-dessus, p. 200 et suiv.

à moins qu'il ne s'agisse d'une incompétence Art.
à raison de la matière.

On connaît assez cette ligne élémentaire
qui sépare l'incompétence *ratione materiæ*, de
l'incompétence *ratione personæ vel loci*.

La première ne se couvre point, car la
volonté des plaideurs n'a pas la puissance de
créer une juridiction, et de conférer à un
tribunal, par ignorance ou par choix, l'attribution d'une matière que la loi ne lui a pas
donnée. Ce serait attenter à l'ordre public,
détourner le cours de la justice, et le troubler
jusqu'à sa source (1) : *Publico jure à lege vel
principe defertur juridictio, quapropter pri-
vatum consensus judicem non potest facere
eum qui judex non est.*

L'incompétence à raison de la matière peut
être proposée en tout état de cause, même
par le demandeur, si le défendeur ne se met   170.
pas en peine de décliner. Il y a plus encore:
les juges sont tenus de se dessaisir *d'office*,
quand bien même les deux parties consen-
tiraient à procéder devant eux.

Mais l'incompétence *ratione personæ vel loci*

_____

(1) Voyez mon Introductio , t. 1ᵉʳ, chap. 6, p. 92
et suiv.

Art. se peut couvrir ; elle ne touche qu'à un intérêt privé. Il importe peu à la société qu'un particulier aille plaider devant un autre tribunal que celui de son domicile, ou de la situation de l'objet litigieux, si, abstraction faite de la question de territoire, la cause appartient à un genre compris dans les attributions de l'un comme de l'autre. C'est parce qu'on peut renoncer à l'incompétence personnelle, qu'elle doit être relevée avant les autres exceptions, et à plus forte raison avant toute espèce d'engagement sur le fond. *Præscriptiones fori in principio litis à litigatoribus opponendas esse legum decrevit autoritas* (1).

Evidemment, vous vous soumettez à l'autorité du tribunal où vous êtes traduit, quand, au lieu de réclamer la franchise de votre ressort, et le privilége de plaider devant vos juges naturels, vous arguez l'ajournement de nullité, quand vous sollicitez un délai pour vous défendre, ou quand vous requérez la communication des titres qu'on vous oppose. *Nemo, post litem contestatam, ordinariæ sedis examen declinet* (2).

(1) *L.* 13, *cod. de Except. et Præscript.*
(2) *L.* 4, *cod. de Jurisdict. omnium judicum, etc.,
et l.* 1, 3, 6 *et* 7, *eodem titulo.*

Les simples actes de procédure, comme Art.
une constitution d'avoué, un *à-venir*, une
demande en remise de la cause, ne couvrent
point. Ne faut-il pas toujours constituer un
avoué et poursuivre l'audience, afin de proposer une *exception*, aussi bien que pour présenter une *défense?* Ces préliminaires indispensables servent à constater la comparution
du défendeur, et à fixer le jour de la lutte;
mais elles ne révèlent aucune intention mar-
quée pour le choix des armes : *Actus ultrà
intentionem agentium operari non debent.*

On a demandé si l'assigné qui met en cause
une tierce personne, en l'appelant à sa garantie, conserve encore la faculté de décliner
la juridiction du tribunal? M. Demiau, dans
ses *Élémens du droit et de la pratique* (1), et
M. Carré, dans ses *Lois de la Procédure* (2),
ont embrassé l'affirmative de cette question.
Ils ont dit que la mise en cause d'un garant
restait étrangère au demandeur originaire,
jusqu'à ce que le nouveau plaideur ait été lié
aux actes et au système du procès; qu'on ne
pouvait auparavant en induire une reconnais-

(1) Pag. 146.
(2) T. 1, p. 440, note 2.

Art. sance de juridiction ; que c'était une précaution purement hypothétique, pour le cas
où l'exception d'incompétence ne serait pas
accueillie.

Cette opinion n'est approuvée ni par les
auteurs, ni par les arrêts (1).

La demande en garantie est une *exception
dilatoire ;* cela est formellement écrit dans le
Code. Loin que les exceptions dilatoires tendent à dénier le pouvoir du juge, à en contester la mesure, ou à critiquer la forme de
l'ajournement, elles supposent l'action compétemment et légalement intentée ; elles se
résument dans une impétration de délai pour
la préparation et l'agencement de la *défense ;*
par conséquent elles couvrent les autres exceptions que la nature des choses et la loi ont
placées en avant.

Le bon ordre de la justice ne veut pas
qu'une personne soit obligée à plaider, pour
la même affaire, dans deux tribunaux à la fois,
et soit exposée à voir rendre deux jugemens

(1) Voyez le *Répertoire* de M. Merlin, t. 3, p. 334;
le *Répertoire* de M. Favard, tom. 2, pag. 459; et la
Jurisprudence générale de M. Dalloz, t. 7, p. 585.

contraires , qui s'entre-choqueraient et se
rendraient inexécutables l'un et l'autre.

Il y a lieu, dans ce cas, à une autre espèce
d'*Exception déclinatoire*, à l'exception de *Li-*
tispendance et de *Connexité*.

La litispendance est l'état d'une cause introduite dans un tribunal qui ne l'a point
encore jugée : *lis pendens*.

La litiscontestation n'est pas nécessaire
pour qu'il y ait litispendance; car elle se forme
par le seul fait d'un ajournement : *Cœpta*
autem esse, atque ità pendere lis alibi cense-
tur, non modò si litis contestatio jam facta
sit, sed sola citatio, seu in jus vocatio (1).

L'exception de litispendance suppose que
le procès existait déjà devant d'autres juges,
entre les mêmes parties, pour la même chose,
et sur une demande basée sur la même cause.

Le déclinatoire pour raison de connexité
n'exige point ces identités parfaites dans
les affaires soumises à deux tribunaux différens ; il se fonde sur ce qu'elles se lient

----

(1) Voet *ad Pandectas, lib.* 44, *tit.* 2, *n°* 7.
Voyez sur ce point les *Quest. de Droit* de M. Merlin,
v° *Litispendance*.

par des affinités telles, que le jugement de
l'une doive indispensablement influer sur le
jugement de l'autre, et sur ce que la même
instruction leur convient et leur suffit. Ce ne
sont plus les rigoureuses conditions sans lesquelles l'exception de litispendance ne saurait
se produire; c'est quelque chose de plus mo-
bile et de moins positif: c'est une appréciation
de rapports sympathiques et de certaines
convergences, que la loi abandonne à la sagesse des magistrats; mais c'est toujours le
même but, celui de rendre la justice moins
embarrassée, moins coûteuse, et de la faire
une, comme la vérité dont elle doit être
l'image.

On voit que la connexité peut quelquefois
faire fléchir la règle : *Actor sequitur forum
rei.* M. Merlin, dans son *Répertoire*, tom. 2,
pag. 844, en rapporte plusieurs exemples.

Les exceptions de litispendance et celles de
connexité sont proposées devant le tribunal
où la dernière demande a été introduite, et
c'est ce tribunal qui doit se dessaisir, pourvu
qu'elles soient justifiées. Alors l'affaire appartient, par droit de prévention, aux juges
qui ont été les premiers saisis, à moins qu'il

ne s'élève quelque cas d'incompétence radi- Art.
cale (1), qui domine tout, qui efface tout, et
qui se peut déclarer à toutes les phases de
la cause, et à tous les degrés de juridiction.
Toutefois l'incompétence du juge auquel
l'une des parties s'était d'abord adressée, serait manifeste, qu'il n'en faudrait pas moins
retourner devant lui, ne fût-ce que pour
faire décider *an sua sit juridictio* (2).

Il n'est pas impossible que les deux tribunaux saisis à la fois rejettent le déclinatoire,
et veuillent tous deux retenir la cause et les
plaideurs. Ce serait le cas de dire, avec le
prophète : Il pleuvra sur eux des filets, *pluet
super eos laqueos*, s'ils étaient condamnés à
la désespérante condition de voir la même
affaire devenir l'objet de deux sentences du
même degré, qui, se heurtant, pourraient
donner lieu *à de grandes esclandes et vio-
lences oultrageuses*, comme il advint, en
1474, pour un procès diversement jugé à
Paris et à Bordeaux (3). Nous n'en sommes

(1) C'est-à-dire, à raison de la matière.

(2) Lorsque deux instances connexes ont été formées
devant le même tribunal, leur jonction est ordonnée,
et il n'y a plus qu'une cause.

(3) Voyez mon premier volume, p. 475.

Art. plus à cette anarchique confusion du moyen âge.

Les deux juridictions se trouvent-elles sub-ordonnées au même tribunal supérieur? la question de compétence pourra être vidée par voie d'appel ; car, en pareille matière, lors même que le fond du procès serait dans les limites du dernier ressort, il est toujours
454. permis d'appeler.

L'autorité du tribunal supérieur ne s'étend-elle pas sur l'une et sur l'autre des justices rivales ? il deviendra nécessaire de se pour-voir en *Règlement de juges*. Je suis obligé de renvoyer à l'un des chapitres suivans tout ce qui se rapporte à cette voie de recours (1).

L'étranger qu'un Français assigne devant

(1) J'ajouterai, dès à présent, que même dans les cas où l'on pourrait interjeter appel, afin de faire cesser le conflit de juridiction, la loi permet de choisir le rè-glement de juges. Il y a plus : on peut recourir au règlement de juges aussitôt qu'une affaire est portée devant deux tribunaux différens, et sans attendre qu'ils aient prononcé sur leur compétence. Ainsi la litispen-dance et la connexité sont, au choix du demandeur, ou des exceptions, ou des motifs de demander un règlement de juges, afin d'éviter la multiplicité et la contrariété des jugemens.

un tribunal du royaume, peut-il opposer ART
l'exception de litispendance, par ce motif que
la même demande existe déjà devant les juges
de son pays ?

Prise de son point de vue général, cette
question n'est guère controversée.

Il ne peut y avoir de conflit entre un tribunal étranger et un tribunal de France, parce
que la sentence de l'un ne peut ni dominer
ni heurter la sentence de l'autre. Les limites
des états sont les limites de leurs juridictions.
Un jugement étranger n'est point exécutoire
chez nous, si la révision de nos magistrats,
et le mandement du Roi, n'en ont pas fait
préalablement un jugement français : à quoi
faire, il faut venir par action, disaient nos
vieux auteurs, et la cause doit être traitée
derechef (1).

C'était le texte de l'art. 121 de l'ordonnance
de 1629 : « Nonobstant lesdits jugemens
(étrangers), nos sujets, contre lesquels ils
auront été rendus, pourront de nouveau débattre leurs droits, *comme entiers*, devant nos
officiers. »

_____

(1) Brodeau sur Louet, lettre **D**, som. 49. Julien
sur les statuts de Provence, etc.

Si les arrêts d'un autre pays perdent chez
nous leur autorité de chose jugée, certes, et
à plus forte raison, une simple demande intentée devant une justice étrangère ne peut
produire, dans un tribunal français, l'exception de litispendance (1).

La difficulté n'est pas là. Mais on demande
si le Français demandeur, qui lui-même a
commencé par saisir un tribunal étranger,
n'a pas renoncé au privilége de sa loi, et s'il
peut reporter encore son action aux tribunaux
de France? M. Dalloz décide qu'il ne le peut
pas, et qu'il doit rester soumis à la juridiction
de son choix. M. Dalloz invoque, à l'appui
de cette opinion, un arrêt de rejet rendu par
la Cour suprême, le 15 novembre 1827; il
va plus loin : il pense qu'un Français *défen-*
deur, traduit devant un tribunal étranger, et
qui serait venu y comparaître, sans proposer
de déclinatoire, n'aurait plus la faculté de
revenir sur ses pas, pour implorer la justice
de France (2).

---

(1) La jurisprudence est aujourd'hui fixée sur ce
point. Sirey, t. 7—2—855, 8—1—453, et 14—2—
191, etc.

(2) *Jurisp. génér.*, t. 7, p. 597.

Dans l'espèce de l'arrêt rapporté par M. Dalloz, il s'agissait d'une action que Delamme, né en France, mais résidant depuis longues années en Belgique, avait formée à Bruxelles, contre Heymans, négociant de cette ville. L'affaire, vidée en première instance, se trouvait en appel, où déjà plusieurs incidens avaient été réglés, lorsque Delamme, se prenant à sa qualité de Français, crut qu'il pouvait ajourner Heymans devant le tribunal de commerce de Paris, et y recommencer le procès. On le déclara non recevable, attendu qu'il avait, de son plein gré, saisi et épuisé la juridiction étrangère.

A la Cour royale de Paris, l'organe du ministère public fut d'avis que le contrat judiciaire formé chez l'étranger ne pouvait avoir, en France, aucun caractère légal et définitif; que Delamme, quoique demandeur à Bruxelles, n'avait point été lié par l'option qu'il avait faite; que ce principe de droit public, proclamé dans l'ordonnance de 1629, avait reçu une consécration nouvelle par l'art. 14 du Code civil.

Il n'en fut pas moins dit que le tribunal de commerce avait bien jugé.

Delamme n'obtint pas plus de succès à

la Cour de cassation. Le rejet de son pourvoi fut motivé sur ce que chacun peut renoncer à un privilége qui lui est personnel ; sur ce qu'on y renonce en citant un étranger devant les juges de son pays, et en y épuisant tous les degrés de leur juridiction ; sur ce que les dispositions de la loi qui consacrent le droit de souveraineté territoriale, n'ont point été faites en vue des intérêts privés, et que les parties contractantes, ou litigantes, restent obligées par les actes de juridiction volontaire ou contentieuse, à laquelle elles se sont soumises.

Il résulterait de là que le Français *demandeur*, ou *défendeur*, qui s'est volontairement abandonné à la justice de l'étranger, n'a plus la faculté d'appeler son adversaire en France, et d'y procéder sur nouveaux frais. Il faudrait attendre que celui-ci vînt y faire exécuter la sentence de ses juges, pour que les nôtres pussent la réviser.

N'est-ce point trop d'outrecuidance que de vouloir mettre en controverse la doctrine de cette magistrature suzeraine, à qui les législateurs ont confié la pure manifestation de leur pensée ? Qu'il soit du moins permis d'observer que l'arrêt de la Cour de cassa-

tion semble révéler un changement notable Art.
dans les principes de notre droit public.

Autrefois on répétait en France cette maxime des Douze Tables : *Adversùs hostes æterna auctoritas esto* (1). On ne croyait point
qu'un Français, ayant succombé dans une
instance sur le sol étranger, pût être irrecevable à demander en France un nouveau débat, un nouvel examen de ses droits *toujours
entiers*, comme disait l'art. 121 de l'ordonnance de 1629. On ne faisait aucune distinction entre le cas où le Français avait plaidé
hors de son pays, en qualité de demandeur,
et le cas où il n'aurait fait que s'y défendre.
Il n'importait pas que les juges étrangers
aient été ou n'aient pas été compétens pour
prononcer ; la règle était illimitée, inflexible :
les jugemens étrangers perdaient toute espèce

(1) Cicéron, dans le premier livre *des Offices*, nous
apprend que l'ancienne latinité donnait au mot *hostis*
la même signification qu'à celui de *peregrinus*, étranger : *Apud majores nostros hostis dicebatur quem nunc
peregrinum dicimus. Indicant duodecim tabulæ : adversùs
hostes æterna auctoritas esto.* Cette remarque et cette
citation se trouvent partout, dans Pothier, dans Bou-
chaud, dans Merlin, etc.

ART. de force chez nous ; ils étaient réputés *non avenus*.

Il est vrai que Boullenois n'admettait cette règle qu'à l'égard du Français *défendeur*, et qu'il la rejetait lorsque les nationaux *demandeurs* avaient saisi de leur plein gré des juges étrangers (1). Mais M. Merlin a fort bien remarqué qu'il avait fallu que Boullenois, pour étayer son système, allât jusqu'à prétendre que l'art. 121 de l'ordonnance de 1629 ne faisait pas loi. C'était un travers de cet esprit de prévention qui enveloppa dans la sanglante disgrâce du maréchal de Marillac l'œuvre de son frère Michel, garde des sceaux, et qui crut avoir abattu l'un des meilleurs monumens de notre législation , en jetant dessus le sobriquet de *code Michau.* L'ordonnance de 1629 fut enregistrée et exécutée , quoi qu'en aient dit quelques chroniqueurs du temps. M. d'Aguesseau l'a toujours citée comme loi du royaume. Or Boullenois convenait que son opinion ne serait pas soutenable, si l'on accordait quelque force à l'art. 121 de l'ordonnance .En niant le principe, il avouait toutes ses conséquences.

(1) Traité des Statuts réels et personnels, t. 1, p. 646.

Art.

« C'est une loi d'état inviolable, a dit Brodeau sur Louet (1), que le droit de souveraineté ne se divise point; jusques-là que mes-
sieurs les procureurs-généraux sont fondés de
vendiquer les sujets du roi, et empêcher qu'ils
ne plaident par-devant autres juges que ceux
du royaume, encore qu'ils eussent procédé
volontairement autre part. D'où le roi Henri II
prit occasion de défendre que la cause de la
marquise de Rothelin, contre le duc de Lon-
gueville, concernant le comté de Neufchâtel,
fût traitée ailleurs que par-devant les juges du
royaume. »

Julien rapporte un arrêt du parlement d'Aix,
que je veux rapporter aussi, parce que les
faits et les questions offrent une frappante
analogie avec les faits et les questions de cette
affaire du sieur Delamme, dont je rendais
compte il y a un moment. On pourra comparer.

Il s'agissait d'une société pour un commerce de laines, qui avait été contractée à Vau-
gine en Provence, entre Alamelle, négociant
de ce lieu, et les nommés Lebrier et Laugier,
demeurant à Camaret dans le Comtat Venais-

(1) Lettre **D**, sommaire 49.

ART. sin. Des contestations étant survenues, Alamelle s'était pourvu par-devant les juges du
Comtat, et toutes les parties y avaient long-
temps procédé, lorsqu'il fit assigner ses
adversaires au siége d'Aix. Ceux-ci déclinè-
rent la juridiction ; ils opposèrent la litispendance, disant qu'ils ne pouvaient avoir
deux procès, et plaider dans deux tribunaux
pour le même fait, et ils demandèrent leur
renvoi devant les officiers du pape. Alamelle
répondit qu'il était Français, et qu'il n'avait
pas été en son pouvoir de reconnaître pour
ses juges les magistrats d'un pays étranger.
Lebrier et Laugier furent déboutés de leur
déclinatoire par le lieutenant-général d'Aix ;
le parlement confirma la sentence (1).

Voici l'espèce d'un autre arrêt rendu à
Paris, en 1743.

Un sieur Archambault, de Lyon, avait assigné François Cretel, sujet du roi de Sar-
daigne, devant le consulat de Chambéry, pour
avoir remboursement de certains effets de
commerce. Il perdit son procès, et la sentence
fut confirmée par le sénat. Nonobstant ce

(1) Commentaire sur les statuts de Provence, t. 1er,
p. 444.

double échec qu'il venait d'éprouver en Savoie, Archambault forma contre Cretel une nouvelle demande, pour le même fait, qui fut portée à la conservation de Lyon. On jugea, tant à Lyon qu'au parlement, que l'ordonnance de 1629 refusait en France toute autorité aux jugemens de pays étrangers, et que le *demandeur* avait pu venir par nouvelle action devant les juges nationaux, pour y faire prononcer de nouveau sur ses prétentions, comme si l'arrêt de Chambéry n'eût jamais existé (1).

Je pourrais citer d'autres décisions semblables émanées des anciennes Cours souveraines ; on en trouvera dans le *Traité des assurances* d'Emérigon, chap. 12, sect. 20, et dans le *Recueil de jurisprudence française* de M. Henrion, tom. 1, pag. 48 (2).

Je terminerai cette exposition par un arrêt, non de rejet, mais de cassation, qui consacra de tout point, le 18 pluviôse an XII, ces applications de l'article 121 de l'ordonnance de 1629.

(1) Voyez le Nouveau Denisart, *v° Exécution en matière civile*, § 4.

(2) Imprimé en 1789.

La Cour d'appel de Rouen avait écarté une demande de Spohrer, négociant français au Havre, contre Niels Moë et Jens Sorensen, de Christiansand en Norwége, sous le prétexte que la contestation que reproduisait son ajournement, avait été déjà vidée par une sentence des juges de commerce de Naples, et qu'il ne pouvait plus l'engager de nouveau en France.

Spohrer se pourvut, et la Cour suprême cassa :

« Attendu que les expressions générales de l'art. 121 de l'ordonnance de 1629 ne souffrent aucune exception, soit relativement à la nature de l'affaire qui a été portée devant un tribunal étranger, soit relativement à la qualité en laquelle un Français y a été partie; qu'ainsi on ne peut, pour l'application de cet article, admettre de distinction, soit entre le cas où l'affaire, sur laquelle est intervenu un jugement étranger, est commerciale ou purement civile, soit que le Français y ait été *demandeur*, *défendeur*, *ou partie intervenante;* mais que la loi refuse *indistinctement* toute force exécutoire, en France, aux jugemens étrangers ;

» Attendu que cet article ayant voulu de

plus que nonobstant un jugement étranger,
le Français contre lequel il aurait été rendu,
puisse de nouveau débattre ses droits *comme
entiers*, il s'ensuit qu'un jugement étranger
ne peut pas même opérer contre le Français
l'effet de la chose jugée, puisque cette exception le priverait nécessairement de la faculté
qui lui est formellement réservée de débattre
ses droits ;

» Attendu que quoiqu'un jugement du 7
floréal an vi, rendu par le chargé d'affaires
de la république française, près la Cour de
Naples, ait renvoyé les parties devant le tribunal de commerce de cette ville, pour faire
statuer sur les mêmes difficultés que Spohrer
a reproduites devant les tribunaux du Havre
et de Rouen, cette circonstance est indifférente, puisque le chargé d'affaires de France
n'a pu, ni voulu soustraire aux tribunaux
français la connaissance des contestations que
l'ordonnanee de 1629 leur attribue, dans les
cas prévus par son art. 121 ; et que si l'action
intentée par Spohrer, devant le tribunal de
commerce de Naples, pouvait être regardée
comme une exécution dudit jugement de renvoi, du 7 floréal an vi, cette exécution *ne
pourrait pas avoir plus d'effet que n'aurait une*

Art. *demande spontanée volontairement introduite*
par un Français devant un tribunal étranger,
ce qui ne pourrait pas non plus, d'après les
considérations ci-dessus énoncées, faire fléchir
les dispositions générales du susdit art. 121.»

Les faits de cette cause dataient de l'an vi,
et ses questions, dans leur trajet d'une juridiction à une autre, n'avaient point cessé de
relever de l'ordonnance de 1629. L'arrêt vient
donc se joindre à ces nombreuses et puis-
santes autorités d'autrefois, pour témoigner
qu'un procès intenté , ou même vidé chez
l'étranger, ne produisait ni l'exception de litispendance, ni l'exception *de chose jugée* (1),
et qu'il n'y avait point à considérer la qualité
de *demandeur* ou de *défendeur*, dans laquelle
le Français aurait comparu devant les juges
de l'autre nation.

Il ne reste plus qu'un point qui puisse

---

(1) Je me sers de ces mots : *exception de chose jugée,*
parce qu'ils sont consacrés par l'usage du droit civil.
Mais dans notre langage de la procédure qui distingue,
comme on sait, les *exceptions* des *défenses*, la chose
jugée produit une véritable défense, une *fin de non-*
recevoir, qui anéantit l'action, et non pas une exception qui ne ferait que détourner ou retarder sa
marche.

être maintenant l'objet d'une discussion sérieuse : à savoir si les nouveaux Codes ont
laissé intact le principe consacré par la législation antérieure.

L'article 2123 du Code civil porte : « L'hypothèque ne peut résulter des jugemens rendus en pays étranger, qu'autant qu'ils ont été
déclarés exécutoires par un tribunal français. »
Et l'article 2128 ajoute : « Les contrats passés
en pays étranger ne peuvent donner hypothèque sur les biens de France. »

L'article 546 du Code de procédure déclare
que « les jugemens rendus par les tribunaux
étrangers, et les actes passés par les officiers
étrangers, ne seront susceptibles d'exécution
en France que de la manière et dans les cas
prévus par les articles 2123 et 2128 du Code
civil (1). »

Je conviendrai que l'expression de ces
textes pouvait être plus franche et plus trans-
parente. Remarquez toutefois que c'est un

---

(1) Je ne parle point ici des modifications que les
traités ou les lois politiques peuvent apporter à ce
grand principe de l'indépendance des états. Je n'aurais
qu'à répéter ce que j'ai dit ci-dessus, page 181, pour
ce qui concerne la caution *judicatum solvi*.

Aʀᴛ. tribunal entier qui doit déclarer exécutoire, s'il y a lieu, la sentence de l'étranger. Ce n'est point une affaire de pure forme ; ce n'est point la matérielle apposition d'un sceau, comme il arrive lorsque le président tout seul écrit une ordonnance d'*exequatur* au bas d'une sentence arbitrale ; ce n'est point un simple *pareatis*, ou mandement d'obéir, donné sans connaissance de cause. C'est un jugement nouveau, car un tribunal ne procède que par délibération ; délibérer, c'est faire un acte de libre volonté, c'est juger.

Et puis, je le demande, qu'est-ce, au résidu, que cette sentence importée d'un territoire étranger, qui nous vient dépouillée de toute espèce d'autorité? Rien qu'une lettre inerte que nos juges laissent dans son néant d'extranéité, s'ils n'estiment pas qu'il convient de l'animer, et de la revêtir de la force exécutoire.

Ainsi, un nouvel examen, une nouvelle discussion deviennent indispensables, et nous voici replacés dans les termes de l'article 121 de l'ordonnance de 1629 : « Les jugemens rendus ès royaumes et souverainetés étrangères, pour quelque cause que ce soit, *n'auront aucune exécution* en notre royaume, et non-

obstant ces jugemens, nos sujets contre les- ᴀʀᴛ.
quels ils ont été rendus, pourront débattre
leurs droits, *comme entiers*, par-devant nos
officiers. »

L'ancienne loi vit donc toujours sous l'é-
corce des articles 2123 du Code civil et 546
du Code de procédure. M. Favard, qui porta
au Corps législatif le vœu du Tribunat sur
l'exécution forcée des jugemens, a dit depuis,
dans son Répertoire, que ces articles s'expli-
quaient par l'ordonnance de 1629 (1). Tous
les auteurs citent un arrêt de cassation que la
Cour suprême a rendu le 18 avril 1819, lequel rattache très-disertement au texte de
l'ordonnance le vrai sens et la saine application de la législation moderne (2).

Cette doctrine semblait devoir triompher
de toute atteinte, lorsque, le 15 novembre
1827, le pourvoi du sieur Delamme, contre
un arrêt de la Cour royale de Paris, fut
rejeté (3). J'ai dit que M. Dalloz en avait

---

(1) T. 2, p. 473.

(2) Voyez surtout *les Quest. de Droit* de M. Merlin,
v° Jugement, § 14, n° 2.

(3) Voyez les deux arrêts, ci-dessus pages 225 et
suivantes.

déduit la conséquence, qu'un Français qui a consenti à plaider hors de son pays, comme *demandeur* et même comme *défendeur*, ne pourra plus, s'il veut ramener l'affaire devant les tribunaux de France, repousser l'exception de litispendance que l'étranger viendra lui opposer.

Je ne le crois pas.

Il n'en est point des jugemens comme des contrats.

Dans les contrats, la volonté privée concourt avec la puissance publique ; l'une forme l'obligation, l'autre la rend exécutoire. Le contrat, en quelque pays qu'il ait été passé, subsiste partout comme une loi individuelle que les parties se sont faite, mais il ne reçoit la formule exécutoire que par la consécration de la puissance publique.

Dans les jugemens, au contraire, la volonté des parties n'est comptée pour rien (1). La puissance publique agit seule. Or, cette puissance, et l'autorité des actes qui en émanent, venant expirer sur les bords de leur empire,

(1) *Quest. de Droit* de M. Merlin, *v° Jugement*, § 14.

M. Toullier a dit la même chose, t. 10, p. 117.

il doit s'ensuivre que les jugemens rendus en
pays étrangers sont réputés non avenus, et
qu'un Français, quand bien même il aurait
procédé volontairement devant les juges d'une
autre nation, n'a pu se lier en donnant les
mains aux actes de leur juridiction.

La maxime *quasi contrahitur in judicio* ne
s'applique point à ce qui se fait en dehors du
territoire.

Je vais emprunter mon meilleur argument
à M. Dalloz lui-même, et copier ce qu'il a dit
dans son excellent *Traité des Droits politiques*,
sect. 1ʳᵉ, art. 5, nᵒ 3 (1).

« Si le Français était *demandeur* devant le
tribunal étranger, conserverait-il en France
le droit de débattre de nouveau la chose jugée? Pourquoi non? C'est volontairement,
dit-on, qu'il a saisi la juridiction étrangère;
il est donc lié par un contrat judiciaire. Mais
acquiesce-t-on à la décision à intervenir, par
cela seul qu'on est demandeur? Mille raisons,
autres que cet acquiescement, peuvent déterminer un Français à diriger son action en
pays étranger. Son débiteur n'a peut-être pas
de biens en France; à quoi bon y obtien-

(1) *Jurisp. génér.*, t. 6, p. 486.

Art. drait-il un jugement qui ne serait pas exécu-
6, toire au-delà des frontières? Peut-être les
preuves de l'obligation de l'étranger sont-elles
plus faciles à administrer dans le lieu qu'il
habite, parce que la convention qui en est
la cause, y a été conclue et exécutée. En tout
cas, le Français se réserve essentiellement la
faculté de réclamer de son souverain la justice
qui lui serait déniée par un souverain étranger. » Ici M. Dalloz cite l'autorité de M. Merlin (1), de M. Grenier (2), et celle de plusieurs
arrêts; puis il ajoute : « La Cour de Paris a
jugé le contraire le 29 juillet 1826, mais il
s'agissait d'un Français établi dans le ressort
du tribunal étranger, et de la liquidation
d'une société commerciale formée dans le
même ressort. »

Notez que cet arrêt de la Cour de Paris, qui
ne doit point tirer à conséquence, eu égard
aux faits particuliers de la cause, n'est autre
que celui contre lequel le sieur Delamme s'est
vainement pourvu, et dont le maintien, devant la Cour de cassation, aura vraisembla-
blement été prononcé sous l'influence des

(1) *Ubi suprà.*
(2) *Traité des Hypothèques*, t. 1, n° 210.

mêmes considérations. C'est donc à l'opinion
de M. Dalloz, dans son *Traité des Droits
politiques*, qu'il faut se tenir, et non à celle
qu'il a émise en parlant *des Exceptions*.

J'en étais à cette conclusion, trop attendue
peut-être, que, *dans aucun cas*, les procédures
engagées devant une juridiction étrangère, ne
peuvent produire l'exception de litispendance,
contre le Français qui veut plaider chez lui,
lorsque j'ai trouvé, dans un recueil pério-
dique récemment apparu (1), l'annonce d'une
seconde édition des *Lois d'organisation et de
compétence* de M. Carré. J'y ai lu ce qui
suit : « M. Carré soutient que l'article 121 de
l'ordonnance de 1629 a été abrogé par les
articles 546 et 1041 du Code de procédure,
et qu'aux termes du premier de ces articles,
les tribunaux français n'ont pas le droit
de prononcer sur le fond même de la contestation. »

Je ne puis comprendre cette doctrine nouvelle de M. Carré, car ce n'est pas ainsi qu'il
s'était exprimé sur l'article 546, dans ses *Lois
de la procédure*. Il avait dit : « Les jugemens

_____

(1) *La Revue étrangère de législation*, etc., publiée
par M. Foelix, n° 1er, p. 55.

ART. étrangers, sans exception, ne peuvent avoir
exécution en France, qu'après avoir été rendus
exécutoires, *en connaissance de cause*, par
un tribunal français, devant lequel *il faut de
nouveau déduire et débattre les raisons sur
lesquelles l'action est* FONDÉE; de manière qu'il
est vrai de dire que ce tribunal remplit, en
quelque sorte , les fonctions *d'un juge
d'appel* (1). »

L'auteur ne pouvait employer des termes
plus expressément dévolutifs de la connaissance du fond.

Non, il n'y a pas un souffle d'abrogation
dans toute l'économie de l'article 546. Ce sont
les anciennes idées rendues avec quelques
mots de moins. Je l'ai démontré.

L'abrogation serait-elle dans l'article 1041?
Il est vrai que cet article porte que toutes lois,
coutumes, usages et règlemens *relatifs à la
procédure civile* sont abrogés. Mais il n'est pas
vrai que l'article 121 de l'ordonnance de 1629
soit une loi de procédure. « C'est une loi
purement politique, dit M. Merlin, et nos
Codes n'ont pas dérogé aux lois de cette na-

(1) *Lois de procéd.*, t. 2, p. 363 et 364.

ture (1). » Elle existait dans nos mœurs, et Art.
dans la pratique du royaume, long-temps
avant qu'elle fût écrite dans l'ordonnance.
Dumoulin disait, en parlant du tribunal français, auquel il a toujours fallu demander l'exécution d'une sentence étrangère : *Cognoscere
debet de justitiâ et scire quod agat, et ità prac-
titatur in hoc regno* (2).

Voyez les autres pays :

Ludolf et Lauterbach, qui furent membres
des suprêmes dicastères de l'empire germa-
nique, attestent que la jurisprudence de ces
tribunaux n'admettait l'exécution des jugemens étrangers qu'après connaissance de
cause (3).

En Prusse, le § 30 du titre 24 du Code de
procédure donne la force exécutoire aux jugemens rendus par des juges étrangers, s'il
ne s'élève aucune difficulté relativement à
leur compétence, ou relativement *au fond de
la cause.* Y a-t-il difficulté ? le tribunal infé-

(1) *Répert.*, t. 12, p. 736.
(2) *Notes sur les Conseils* d'Alexandre, t. 4, *Conseil*
130, n° 3.
(3) Arrêt de la Cour de Liége, du 15 floréal an x.
Dalloz, *Jurisp. génér.*, t. 6, pag. 496.

ART. rieur consulte son tribunal supérieur, et celui-ci s'adresse au ministre. Ainsi, c'est le ministre de la justice qui décide s'il y a lieu à l'exécution.

Dans le royaume de Bavière, suivant les ordonnances des 9 octobre 1807 et 2 juin 1811, les jugemens rendus à l'étranger contre un Bavarois sont exécutoires, mais seulement lorsqu'ils émanent *à judice rei sitæ*, *contractûs, arresti, vel gestæ administrationis;* lorsqu'il n'existe pas de moyens d'exécution dans le pays où le jugement est intervenu, et lorsque les droits des régnicoles n'en éprouvent point de préjudice.

La règle générale du grand-duché de Hesse, exprimée par l'article 15 de l'ordonnance du 21 juin 1817, veut que les jugemens étrangers ne soient point susceptibles d'exécution dans les possessions sur la rive gauche du Rhin : aussi leur inscription aux registres hypothécaires n'y peut-elle emporter une hypothèque judiciaire.

En Angleterre, on suit le système de réciprocité admis par la *magna carta,* et renouvelé des Goths et des Suédois : *Quam legem exteri nobis posuere, eamdem illis ponemus* (1).

_____

(1) Stiernhook, *de Jure Suen.*, l. 3, c. 4.

Napoléon avait donné ses Codes à l'Italie, Art. en échange de la couronne de fer. Toutefois la France et l'Italie, gouvernées par le même prince, ne formaient pas moins deux souverainetés distinctes et séparées. Le Code civil disait en France : *Tout Français jouira des droits civils*, et il disait en Italie : *Qualunque Italiano gode dei diretti civili.*

Le ministre de la justice du nouveau royaume publia, le 28 septembre 1808, une instruction circulaire portant qu'une sentence prononcée par des juges étrangers, ne pouvait être déclarée *exécutable* contre un Italien, en vertu de l'article 546 du Code de procédure civile, *qu'après une décision nouvelle rendue avec toutes les parties intéressées* dans un tribunal d'Italie, et que l'exécution devait être refusée, si la sentence paraissait injuste.

Des jugemens et des arrêts ayant été rendus à Intra et à Milan, entre des Italiens, et des Génois devenus Français par leur réunion à l'empire, les premiers vinrent à Gênes demander l'exécution de ces jugemens et arrêts, qui leur avaient donné gain de cause. Mais la Cour impériale renvoya les parties devant le tribunal de première instance de Gênes, pour

ART. y reproduire leurs prétentions respectives, et pour y procéder sur le fond.

On se pourvut en cassation ; par arrêt du 27 août 1812, le pourvoi fut rejeté. La Cour suprême considéra que les tribunaux italiens étaient réputés étrangers relativement aux tribunaux français, comme ceux-ci à l'égard des tribunaux italiens, quoique l'empire français et le royaume d'Italie fussent soumis au même souverain ; que si les articles 546 du Code de procédure, et les articles 2123 et 2128 du Code civil, n'autorisent pas, en termes exprès, le Français qui a succombé devant le tribunal étranger à provoquer un nouvel examen du fond, lorsqu'on demande l'exécution du jugement en France, cette faculté est consignée dans l'article 121 de l'ordonnance de 1629, *article renfermant une loi politique* NON ABROGÉE *par les nouveaux Codes*, et qui, quoiqu'il n'eût pas été publié dans les états de Gênes, y était néanmoins exécutoire, *par l'effet seul de leur réunion à l'empire français* (1).

Permis aux publicistes de dire, avec M.

_____

(1) *Répert.* de M. Merlin, t. 12, p. 769.

Meyer, que cette loi politique, née de la Art. rouille des temps passés, n'est qu'une jalousie de pouvoir mal entendue, un anachronisme ridicule dans l'état progressif de la civilisation européenne ; qu'il serait digne de l'attention d'un congrès de fixer invariablement les règles de la compétence entre les divers pays, et d'assurer partout l'effet d'un jugement légalement rendu. Ce n'est point ici le lieu de discuter la haute portée d'un aussi noble vœu. Mon rôle est plus humble ; je me contente de faire observer qu'en attendant le futur congrès, et le droit nouveau qu'il pourra proclamer, il faut respecter les lois telles qu'elles existent, et tant qu'elles existent.

Je prie qu'on me pardonne d'avoir consacré tant de pages à l'examen d'une question qui peut ne se présenter que fort rarement ; mais la matière se trouvera toute préparée pour la solution des autres difficultés que soulèveront les explications de l'article 546.

C'est chose assez dite et assez connue, que l'incompétence à raison de la personne est couverte, si on ne la présente pas dans l'ordre réglé par la loi, et avant toutes les défenses ou fins de non-recevoir, que Cicéron appelait

Art. *clypei sive arietes quibus actio infringitur* (1).
Mais le Code n'assigne aucun rang aux exceptions de litispendance ou de connexité; il
ne fixe aucune époque fatale de la procédure,
après laquelle il ne sera plus permis de les
proposer. Faut-il y sous-entendre pour elles,
ce qui est prescrit pour l'incompétence, et
en faire absolument le premier mot de la
cause?

C'était le système de nos vieux auteurs. Imbert disait dans sa pratique : « Doit estre
l'exception de litispendance proposée avant
toutes fins, tant de non-recevoir, que péremp-
toires, pour d'icelle estre fait droict préalablement (2). » Et il citait Paul de Castres,
Balde, Guy-Pape, Rebuffe, etc., qui con-
fondaient, comme lui, la *litispendance* et
la *connexité* avec les exceptions dilatoires.
Cette doctrine s'est retrouvée par tradition
dans les Commentaires de Jousse (3) et de
Rodier (4), sur l'ordonnance de 1667. Elle

(1) *In Topicis*.
(2) Pag. 257.
(3) Tom. 1, pag. 80.
(4) Pag. 86.

est adoptée aujourd'hui par M. Dalloz (1), qui Art. s'appuie de l'autorité de M. Merlin (2).

Il est d'abord à observer que M. Merlin n'a point sérieusement traité la question ; car, dans l'état de cause où il s'était placé, il supposait seulement une *connexité*, et soutenait qu'elle n'existait pas. Puis il n'a pu se dissimuler que punir par une déchéance la tardiveté de l'exception de *connexité*, ce serait exposer les parties, pour un même objet, aux tribulations de deux procès et à la chance de deux jugemens contraires. Mais M. Merlin croit qu'il est facile de parer à cet inconvénient, de deux manières : soit en sollicitant un sursis de l'un des deux tribunaux, jusqu'à ce que l'autre ait statué définitivement, soit en demandant au tribunal où la première affaire avait été portée, qu'il veuille bien n'en pas connaître, et qu'il consente à se dépouiller, en faveur des juges saisis de l'affaire la plus récente.

A mon avis, cet aperçu jeté, comme en passant, sur une supposition, n'est qu'un

(1) *Jurisp. génér.*, tom. 7, pag. 597.
(2) *Répertoire*, v° *Compte*, § 2.

ART. léger déguisement dont l'auteur a voulu revêtir les exceptions de *litispendance* ou de
connexité, et qui leur donnerait, en définitive
et à toutes les époques de l'instance, le même
accès et la même efficacité que si elles eussent été proposées dès l'entrée de la cause. Il
était impossible de résister aux exigences de
leur nature, parce qu'elles se rattachent tout à
la fois aux intérêts des plaideurs et au bon
ordre de la justice. Si deux affaires, présentant
quelques rapports d'affinité, se trouvent engagées devant le même tribunal, faut-il absolument que la jonction des instances, pour
qu'elle puisse être prononcée, soit requise
avant toutes autres exceptions et défenses au
fond? On n'oserait pas le dire. Pourquoi donc
en serait-il autrement, quand deux causes
identiques ou connexes se trouvent portées en
même temps à deux tribunaux différens? Ne
peut-il pas arriver que l'identité, et surtout la
connexité, ne se dévoilent qu'au milieu des
débats? Ce n'est donc point sans motif que
les auteurs du Code n'ont pas répété dans
l'article 171, la disposition de l'article 169. On
ne supplée pas plus les déchéances que les
nullités, on ne les crée point par relation d'un
article à un autre, et l'on ne peut pas induire

du silence de la loi des rigueurs injustes et Art.
déplacées (1).

M. Favard a beaucoup amendé l'opinion
de M. Merlin; il voudrait que l'on fît droit, en
tout état de cause, aux exceptions de litispendance ou de connexité, mais sous la condition
de mettre à la charge de la partie qui d'abord
ne les avait pas proposées, les dépens faits
depuis l'époque à laquelle elle aurait dû y
conclure. Cette idée est juste; elle entre parfaitement dans le système du Code, en ce qui
touche les frais *frustratoires*.

Voici une autre question sur laquelle on
semble d'accord aujourd'hui. Le savant M.
Daniels sut la mettre hors de controverse, en
1807, alors qu'il remplissait les fonctions
d'avocat-général à la Cour de cassation. Il
s'agissait de savoir si les juges sont obligés de
statuer sur une contestation incompétemment
portée devant eux, quand l'incompétence,
qui d'ailleurs ne serait relative qu'à la personne assignée, n'a pas été relevée par elle.
C'était à dire, en d'autres termes : un juge dont
la juridiction est volontairement prorogée au-

(1) Voyez M. Carré, *Lois de la procéd.*, t. 1, p. 448.

ART.

delà de son territoire, est-il tenu de déférer à cette prorogation, soit expresse, soit tacite, ou bien est-il libre de s'abstenir ?

On argumentait de la loi 2, § 1, *ff. de judiciis*, de laquelle il résulte que la volonté des parties suffisait pour rendre le Préteur compétent, lors même que son consentement particulier n'était pas exprimé, ou que, par erreur, il se croyait compétent (1).

Le sens du droit romain avait été mal saisi. Vraiment, le consentement du juge n'est pas nécessaire pour la validité de la sentence, et il importe peu que, par erreur, il se soit cru en droit de prononcer ; la prorogation n'en aura pas moins son effet entre les parties : *volenti non fit injuria*. C'est tout ce qui peut s'induire de la loi citée. Mais elle n'a pas voulu que le juge fût *obligé* de vider un procès qui n'est pas de son ressort, parce

---

(1) *Convenire autem utrùm inter privatos sufficit, an verò etiam ipsius Prœtoris consensus necessarius est? Lex Julia judiciorum ait : quominùs inter privatos conveniat. Sufficit ergò privatorum consensus. Proindè, si privati consentiant, Prœtor autem ignoret consentire, et putat suam jurisdictionem : an legi satisfactum sit videndum est? Et puto posse defendi ejus esse jurisdictionem.*

qu'il plairait aux plaideurs de le lui sou- Art.
mettre : *Cùm invitus compelli nequeat, ut non*
subjectis jus dicat (1).

De même que les magistrats ne peuvent
franchir les limites de leur juridiction, quand
un déclinatoire s'élève à l'entrée de la cause,
de même ils ont la liberté de se renfermer
dans ces limites, et de se déclarer incompétens,
sans avoir égard aux conclusions des parties
qui les autorisent à passer outre (2).

« Le principe, disait M. Daniels, résulte
d'abord de la règle générale, suivant laquelle
les conventions n'obligent que les parties qui
les ont consenties, sans porter préjudice à
des tiers. Il résulte encore de la nature des
choses : et, en effet, par quel motif permet-
trait-on aux parties d'imposer au juge une
charge qui pourrait lui devenir bien pénible ?
Peut-on prétendre raisonnablement que le
juge soit tenu de se prêter à tout le monde,

(1) Beckmann, *Introd. in jus digestorum*, *ad tit. de*
jurisdict., § 21.

(2) Inutile de rappeler que la loi ne donne pas seulement une simple faculté au juge, mais qu'elle lui
impose rigoureusement le devoir de proclamer d'office
son incompétence, toutes les fois que cette incompétence existe *à raison de la matière.*

Art. d'épuiser ses forces pour rendre justice à tous ceux qui, appelés devant lui, ne voudront pas proposer le déclinatoire ? Il n'aurait donc plus aucune excuse, pas même dans la multitude des causes dont le jugement lui appartient par la nature de ses fonctions, pas même dans l'impossibilité physique de suffire à tout ? »

La Cour suprême adopta ces conclusions par arrêt du 11 mars 1807 : « Attendu qu'aucune loi n'oblige un tribunal à juger les parties qui ne sont pas ses justiciables, alors même qu'elles auraient consenti à être jugées par lui (1). »

Cependant, je dois faire observer que l'article 7 du Code de procédure enjoint aux juges de paix de statuer sur les différends des personnes qui se présentent *volontairement* devant eux, encore qu'ils ne soient pas les juges naturels de ces personnes, *ni à raison du domicile du défendeur, ni à raison de la situation de l'objet litigieux.* Mais cette disposition toute exceptionnelle, que j'expliquerai au

____

(1) *Répert.* de M. Merlin, v° *Prorogation de juridiction*, et les *Quest. de Droit*, v° *Appel*, § 14, art. 1, n° 23.

chapitre des justices de paix, ne fait que con-   Art.
firmer la règle, et ne s'étend point aux autres
tribunaux (1).

Tout déclinatoire présente à juger cette
question : Le tribunal peut-il connaître de la
demande? Or, dès que la juridiction est contestée, elle demeure en suspens pour tout ce
qui est étranger à l'exception d'incompétence,
jusqu'à l'issue du débat sur ce point. Ne
serait-il pas trop sauvage de commencer par
exercer un droit, avant qu'il ait été vérifié et
reconnu ? C'est pourquoi nos lois ont de tout
temps défendu aux juges *de réserver les dé-*
clinatoires et de les joindre au principal (2);   172.
en d'autres termes, de faire préalablement in-
struire et plaïder sur le tout, de donner lieu
à beaucoup de longueurs, à beaucoup de
frais, sans savoir s'ils devront, en définitive,
retenir ou délaisser le procès.

Je crois avoir déjà dit qu'il y avait toujours
deux degrés de juridiction pour les questions

(1) Voyez M. Carré, *Lois de la procéd.*, t. 1, p. 18,
note 1.

(2) Ces expressions du Code sont celles qui termi-
naient l'article 3 du titre 6 de l'ordonnance de 1667.

Art. de compétence, quelque mince que fût la
valeur du litige.

Proposer une incompétence *à raison de la
matière*, c'est mettre l'ordre public en cause.

Proposer une incompétence *à raison de la
personne*, c'est invoquer le privilége de ne
pouvoir être distrait de ses juges naturels.

Sous tous ces rapports, l'intérêt s'agran-
dit, il se fait inappréciable ; les limites du
dernier ressort s'effacent, et l'appel devient
recevable.

Ceci posé, vous conclurez facilement que
les juges, en rejetant un déclinatoire, ne
peuvent pas ordonner que l'on plaidera *de
suite* sur le fond de la cause. Le droit d'appeler est acquis au défendeur, s'il ne veut pas
renoncer à son exception d'incompétence ; et
la loi ne permet d'appeler qu'après que huit
jours se sont écoulés depuis la prononciation
du jugement (1). Il faut donc que le tribunal
qui se juge compétent, renvoie l'affaire à huitaine, au moins, pour la plaidoirie du fond.
Les meilleurs commentateurs de l'ordonnance
de 1667 ne l'entendaient pas autrement :
« On doit donner le temps à la partie d'ap-

_____

(1) Voyez mon second volume, p. 55 et 56.

peler, si bon lui semble, du jugement qui Art.
l'a déboutée des fins de non-procéder; il ne
serait pas séant de l'obliger à déclarer cet
appel à la face du juge (1). »

Que se passera-t-il à l'expiration du délai?

Si l'appel est interjeté, tout restera suspendu
jusqu'à ce qu'un arrêt vienne confirmer ou
réformer la décision des premiers juges.

S'il n'y a point encore d'appel, il arrivera
de deux choses l'une :

Les parties se présenteront et plaideront.
Alors le déclinatoire sera abandonné, et la
cause sera contradictoirement jugée.

Le défendeur ne comparaîtra point, afin
de ne pas nuire à sa fin de non-procéder.
Dans ce cas, le fond sera jugé par défaut,
faute de conclure et de plaider, et de ce jugement on pourra appeler, s'il y a lieu, en
même temps que de celui rendu sur l'exception d'incompétence, pourvu que le délai
d'opposition soit passé à l'égard de l'un, et
que le délai d'appel subsiste encore à l'égard
de l'autre (2).

(1) Rodier, sur l'art. 3 du tit. 6. Voyez aussi Ser-
pillon, sur le même article.
(2) Ce dernier aperçu exigerait un développement

ART. Objectera-t-on que l'article 425 du Code permet aux tribunaux de commerce, en cas de rejet d'un déclinatoire, de statuer *par le même jugement*, et par deux dispositions distinctes, sur la compétence et sur le fond ?

La réponse est partout : nos législateurs n'auraient point pris l'inutile soin de placer cet article 425 au titre *De la procédure devant les tribunaux de commerce*, s'il n'eût énoncé qu'une règle générale, et si déjà un semblable pouvoir eût été déféré aux juges ordinaires. L'article 425, comme tous ceux du même titre, contient une mesure exceptionnelle accordée à la nature et aux exigences hâtives des affaires commerciales. Il n'y a plus de contradiction là-dessus.

Cependant un arrêt, rendu par la section des requêtes de la Cour de cassation, le 5 juillet 1809, avait jeté quelques doutes dans la doctrine des auteurs. On y lisait « que les articles 168, 169 et 172 du Code de procédure ne présentaient aucune disposition qui défendît aux tribunaux de prononcer sur le fond, par le même jugement qui avait préala-

particulier que je suis forcé de renvoyer au chapitre de *l'Appel.*

blement repoussé une exception tendant au ART:
renvoi de la cause devant d'autres juges (1). »

Comme il faut toujours rechercher dans les
paroles de l'oracle quelque *rationalité* qui
l'empêche d'avoir tort (2), on a rappro-
ché cet arrêt de son *espèce*, et l'on a vu que
la décision confirmée par le rejet du pourvoi
était émanée d'une Cour d'appel. Or, a-t-on
dit, il était de jurisprudence autrefois, et ce
doit être de même aujourd'hui, que les juges
inférieurs, ou *appelables*, étaient seuls tenus
de vider séparément, et à quelques jours
d'intervalle, le déclinatoire et le fond, pour
donner au défendeur le loisir d'acquiescer ou
d'appeler. Mais une Cour souveraine n'étant
point *appelable*, rien ne pouvait s'opposer à
ce qu'elle prononçât sur le fond, aussitôt après
justice faite de la fin de non-procéder. Et l'on
a conclu que l'arrêt reposait *vraisemblable-
ment* sur cette distinction (3).

Quoi qu'il en soit, la généralité de ses
termes semble très-virtuellement exclure toute

(1) Sirey, 1809—1—409.
(2) *Judicio sincero non utimur, sed tanquam è vinculis
sermocinamur.* Bacon, *de Justitiâ universali.*
(3) *Répert.* de M. Favard, t. 2, p. 461.

ART. distinction, et il serait fort difficile de ne pas
convenir qu'il a été fort mal rédigé.

Je vais plus loin, car nous ne sommes pas
obligés de céder, comme en Angleterre, à
l'autorité des précédens : avec ou sans cette
distinction tirée de l'infériorité des tribunaux
et de la souveraineté des Cours, l'arrêt a mal
jugé ; le pourvoi devait être admis.

Vous savez qu'un jugement, un arrêt,
quand bien même ils ne contiennent aucune
condamnation, ni aucune disposition qui soit
directement à la charge de la partie, ne peuvent être exécutés, s'ils n'ont été préalablement signifiés à l'avoué (1) ; parce que dans
tout ce qui concerne la marche de l'affaire,
et dans tout ce qui n'exige pas absolument
l'accession personnelle du client, l'avoué le
représente. C'est plus qu'une règle de procédure, c'est une mesure d'ordre public ; c'est
une des garanties les plus précieuses contre
le danger des surprises. Les paroles du juge
ne se comprennent pas toujours bien à l'audience, *paria sunt non esse et non significari ;*
il faut que la signification mette sous les yeux
de l'avoué la teneur exacte de ce qui a été

(1) Voyez mon second volume, pages 457 et suiv.

dit, considéré et jugé, pour qu'il puisse en Art.
calculer la portée, tracer un plan de conduite,
savoir les réserves qu'il conviendra de faire,
les voies de recours qu'il faudra employer,
les risques que l'exécution peut faire courir,
et les ressources que la cause présente encore.

Ces principes s'appliquent dans les Cours,
de même que dans les tribunaux ; l'article 147
du Code leur est commun. Quand une incom- 470.
pétence, une nullité sont proposées, le jugement ou l'arrêt qui les repousse n'est point
inoffensif, comme s'il s'agissait d'un simple
préparatoire , d'un règlement d'audience ,
d'une remise de cause, etc. ; il porte coup,
il tranche une exception, il inflige un grief. Il
ne peut ordonner que l'on s'engagera immé-
diatement dans les débats du fond, avant que
la décision sur la fin de non-procéder ait été
signifiée à avoué.

Mettez donc à part, si vous le voulez,
les considérations qui ont été précédemment
invoquées ; l'article 147 est, en définitive, le
véritable régulateur de la matière.

C'est ce que la Cour de cassation elle-
même a formellement reconnu le 4 mars

Art. 1829 (1). Tant il y avait peu de jurisprudence et d'autorité dans l'arrêt de rejet rendu vingt années auparavant !

Le tribunal d'Aurillac avait débouté la demoiselle Grimal d'une demande en nullité dirigée contre un ordre, et avait ordonné qu'elle défendrait au *fond*. Le jugement n'avait pas encore été signifié à son avoué, lorsqu'il en fut rendu un second, par défaut, qui prononça sur le fond. La demoiselle Grimal appela ; elle n'obtint aucun succès devant la Cour de Riom. Mais la décision de cette Cour fut cassée : « Attendu que le poursuivant n'avait fait signifier que le 17 novembre 1824, à l'avoué de la demoiselle Grimal, le jugement contradictoire du 2 juillet précédent, *qui la déboutait de sa demande en nullité, et ordonnait qu'elle plaiderait au fond;* que le 30 du même mois de juillet le poursuivant avait obtenu un jugement par défaut contre la demoiselle Grimal, par lequel il avait été statué sur le fond; que par conséquent le jugement du 2 juillet *avait été mis à exécution avant d'avoir été signifié à l'avoué de la demoiselle Grimal,*

_____

(1) Voyez le *Recueil périod.* de Dalloz, 29—1—166.

et avant l'expiration du délai pendant lequel Art.
elle eût été recevable à en interjeter un appel
déclaré suspensif par la loi ; qu'il suit de là
que le jugement par défaut du 30 juillet était,
ainsi que les procédures faites postérieurement au jugement du 2 juillet, irrégulier et
nul ; et que la Cour royale *avait expressément
violé les articles* 147 *et* 437 du Code de procédure. »

Sans doute on ne prétendra point que la
Cour suprême n'aurait pas décidé pour une
incompétence ce qu'elle a décidé pour une
nullité. Tout ce qui forme obstacle à ce que
le juge prononce sur le fond du procès, doit
être préalablement vérifié, admis ou écarté.
Viennent ensuite les garanties de l'article 147,
qui constituent un même droit pour tous les
cas où il y a une même raison de les appliquer.

Les exceptions déclinatoires, et j'y comprends celles pour cause de litispendance ou
de connexité, sont jugées *sommairement,* ce
qui ne signifie pas qu'elles doivent être réputées *matières sommaires* et instruites comme

Art. telles (1). Il faut entendre ce mot *sommaire-ment*, de même que si la loi avait dit *avec cé-lérité*. J'ai déjà eu l'occasion d'en faire la remarque (2).

---

(1) Le tarif, art. 75, chap. 2, *des Matières ordinai-res*, autorise une requête de six rôles pour proposer un déclinatoire, et de même pour y répondre.

(2) Voyez mon premier volume, Introd., pag. 566, à la note.

CHAPITRE XIII.

DE L'EXCEPTION DE NULLITÉ.

La compétence du tribunal a été définiti- Art.
vement jugée. Le terrain est assuré, mais la
certitude que le procès va s'y débattre, n'est
pas encore acquise.

L'exploit d'ajournement peut être nul ;
alors il n'y aura point de demande, point de
cause à discuter, car ce qui est nul ne produit
aucun effet.

Si l'instance a été régulièrement introduite,
il est également possible que des vices de
forme viennent infecter les actes de l'instruction, voiler les garanties de la loi, faire tomber
une vérification, une enquête, une expertise,
et tous les étais de la demande.

Toutefois, vous le savez, il n'est pas dans

ART.
173.
la nature de ces nullités *d'exploit, ou d'actes
de procédure*, comme le Code les nomme, de
briser tellement l'action qu'elle ne puisse plus
se recomposer. Leur fin est *de non-procéder;*
par conséquent le dommage qu'elles font
n'est irréparable que pour les frais. Un acte
nul, ou déclaré nul, peut être refait, à moins
que, dans l'entre-temps, le droit que l'on voulait exercer ou conserver, n'ait été atteint par
la fatalité d'une prescription, ou de quelque
déchéance particulière.

173.
La nullité de l'ajournement est couverte
quand elle n'est pas proposée avant toute
défense, ou exception, autre que celle d'incompétence, ou de caution *judicatum solvi*.

La nullité d'un acte de procédure est couverte quand, au lieu de la relever, on commence par discuter la portée de l'acte et la
raison probante de ses résultats.

Tel est l'aperçu de ce qui semblerait devoir
exclusivement faire la matière de ce chapitre.

Cependant il est d'autres espèces de nullités qui, sans effleurer la forme des actes,
s'attaquent au fond des choses, au titre géné-
rateur de l'action, à la qualité, à la capacité,
à l'intérêt de la personne qui l'exerce.

Mais ces nullités ne sont plus seulement Art.
des fins *de non procéder*, des barres mises en
travers, *quasi cancelli qui circum scribunt;*
elles sont des fins *de non recevoir*, de vérita-
bles défenses, *arietes qui infringunt*, qui bat-
tent et détruisent à la fois, et sans retour,
l'instance et l'action; elles peuvent être proposées en tout état de cause.

Le droit civil a aussi ses nullités de forme
et ses nullités du fond.

On dit qu'une nullité est *absolue*, lorsqu'elle dérive de quelque prohibition concernant l'ordre public et les bonnes mœurs.
Comme si l'on a disposé de choses qui ne sont
point dans le commerce (1), si l'objet d'une
obligation n'a point été déterminé, au moins
quant à son espèce (2), si l'on a renoncé à
une succession non encore ouverte (3), si l'on
a imposé une servitude réprouvée par les lois
et la morale (4), si l'on a compromis sur une
question d'état (5), etc. Mille autres exemples
pourraient être cités. Ces nullités ne s'effacent

(1) Code civil, art. 1128.
(2) *Ibidem*, art. 1129.
(3) *Ibidem*, art. 1130.
(4) *Ibidem*, art. 686.
(5) Code de procéd., art. 1004.

Aʀᴛ. point par la ratification ou l'exécution volontaire des actes qu'elles ont viciés, parce que,
suivant l'expression de Dunod, la loi résiste
continuellement, et par elle-même, à l'acte
qu'elle défend (1).

Les nullités sont encore *absolues*, lors
même qu'elles n'ont point l'intérêt général
pour cause première, quand la loi les met à
la disposition de tous, c'est-à-dire, quand toute
personne, à laquelle un acte est opposé, peut
répondre dans son intérêt privé, né et actuel :
cet acte est nul.

Il suit de là que toutes les nullités qui se
fondent sur des motifs d'intérêt public sont
absolues, mais que toutes les nullités *absolues*
ne se fondent pas sur des motifs d'intérêt
public (2).

Les nullités *relatives* sont celles établies en
faveur de certaines personnes, qui seules ont
le droit de les proposer et qui peuvent y renoncer. Telle est la nullité résultant du défaut
d'autorisation d'une femme mariée (3).

Je ne fais, s'il est permis d'ainsi parler, que

---

(1) *Traité des Prescriptions*, 1ʳᵉ partie, chap. 8.
(2) Voyez M. Toullier, t. 7, nᵒ 555.
(3) Code civil, art. 225.

ranger en ligne des propositions générales et Art.
des définitions, dont le développement m'aurait jeté trop en dehors de ma sphère de procédure ; et j'ai hâte de me rapprocher des
spécialités que je dois expliquer.

Les parlemens avaient pris pour devise la
formule romaine, touchant l'autorité du pré-
fet du prétoire : *Qui vice sacra judicabat,*
qui delicta provinciarum et judicum puniebat,
cujus reverentia potebat negotia sine appella-
tione finire. Leur souveraine justice s'était élevée au-dessus des édits ; elle modérait les
amendes, relevait des déchéances, faisait
grâce des nullités. Car les dispositions pénales
de la loi étaient réputées simples menaces ou
comminations, auxquelles la prud'homie des
magistrats donnait force et vertu, suivant
que leur semblait bon être.

Alors on disputait beaucoup sur cette thèse:
à savoir si les meilleures lois sont celles qui
laissent le plus, ou celles qui laissent le moins
à l'office des tribunaux.

Les uns disaient que le mieux était de
choisir des juges sages et instruits, et d'en
faire des lois vivantes plus efficacement as-

Art. sorties aux exigences des procès, que les lois écrites et inanimées. *Plus ibi boni mores, quàm alibi bonæ leges.*

Les autres donnaient la préférence à la fermeté de la loi, esprit sans passion, limite régulière et constante, gage de sécurité, garantie tout acquise et moins décevante que le vague espoir d'une perfectibilité jurisprudentielle.

Ce dernier système a passé dans le Code
1029. de procédure : « Aucune des nullités, amendes et déchéances qu'il prononce, n'est *comminatoire.* »

« Ainsi, disait l'orateur du Tribunat, M. Mallarmé, il ne sera plus au pouvoir du juge de confirmer ou d'annuler un acte, de prononcer une amende, ou d'en faire la remise, de déclarer une déchéance encourue, ou d'en relever, suivant que des circonstances ou des considérations particulières pourraient l'y porter ; il ne devra prendre conseil que de la loi ; son office sera borné à en faire l'application littérale, sans qu'il puisse jamais modérer ou aggraver sa rigueur. »

C'est ce que M. d'Aguesseau avait déjà dit : « La loi a parlé ; il ne nous reste plus que la gloire de lui obéir. Quand ses motifs nous

seraient inconnus , nous devrons toujours Aʀᴛ.
respecter son autorité. »

Le Code ajoute : « Aucun exploit ou acte
de procédure ne pourra être déclaré nul, si
la nullité n'en est pas formellement prononcée
par la loi. » Le magistrat ne doit donc être ni
plus ni moins sévère que la loi.

Remarquez ces expressions : *aucun exploit,
aucun acte de procédure*, et concluez d'abord
qu'elles s'appliquent seulement à ce qui
émane des officiers ministériels, et point aux
actes que chacun peut faire pour l'établissement et la conservation de ses droits (1), ni
au titre de l'action, ni aux jugemens (2).

Ici vient se placer la distinction à faire
entre les formalités *accidentelles* ou *secondaires*, et les formalités *substantielles*.

Les premières sont comme des indications
de la loi, pour une plus stricte régularité ;
mais leur omission n'efface point le caractère de l'acte, ce qui suppose qu'on y trouve

(1) A une inscription hypothécaire, par exemple.
(2) Voyez ce que j'ai dit à cet égard, t. 2, p. 448
et suiv.

Art. encore ses principes constitutifs, son but , son intention, et une garantie suffisante pour les droits d'autrui. Dans ce cas l'acte devra produire son effet, à moins que le législateur attachant une plus grande importance à quelqu'une de ces formalités secondaires, n'en ait *expressément* puni l'inobservation par la peine de nullité.

Par exemple, et pour me renfermer dans les matières que j'ai traitées jusqu'à présent, l'article 72 du Code de procédure dit que le délai ordinaire des ajournemens sera de huitaine; mais il ne prononce pas la nullité, si le temps fixé pour comparaître est plus long, et même s'il est plus court (1). Dans le premier cas, le défendeur pourra anticiper; dans le second, les juges lui rendront les jours qui lui manquent, et la cause sera renvoyée à l'échéance du terme légal. L'ajournement subsistera.

L'article 65 veut que la copie du procès-verbal de non-conciliation, ou de la mention de non-comparution au bureau de paix, soit signifiée avec l'exploit d'ajournement. Certes on ne peut imaginer une formalité plus acci-

(1) Voyez mon second volume, p. 167 et suiv.

dentelle, plus secondaire; son absence n'al- Art.
térera en aucun point les conditions essen-
tielles qui font l'ajournement. Mais la loi a
prescrit cette signification à peine de nullité;
l'ajournement sera nul.

Vous concevrez parfaitement l'existence
complète et effective d'un ajournement, sans
qu'il contienne la constitution d'un avoué;
ce n'est encore qu'une formalité *secondaire*,
car elle n'est point exigée quand on assigne
devant les tribunaux de commerce. S'il faut
un avoué en matière civile, le demandeur ne
pourrait-il pas le constituer par un acte sé-
paré? Non; l'ajournement serait nul, parce
que l'article 61 porte : « Il *contiendra* la
constitution de l'avoué qui occupera pour le
demandeur..., à peine de nullité. »

Les exemples abonderaient. Ceux-là suffisent pour résumer ma démonstration :

L'omission d'une formalité *accidentelle* et
secondaire n'entraîne point la nullité de
l'acte, quand la loi n'a pas dit que la nullité s'ensuivrait. C'est la disposition de l'article 1030.

Quelle que soit la nature et l'apparente lé-
gèreté de la formalité qui manque, la nullité
de l'acte doit toujours être prononcée, quand

ART. la loi a dit qu'il serait nul. C'est la disposition de l'article 1029.

Les formalités *substantielles* sont les conditions d'existence qui constituent tel ou tel
acte, qui le font ce qu'il doit nécessairement
être pour le but qu'on se propose; elles sont
son principe et sa fin; sans elles il est nul
de *non esse*. Cette nullité n'a pas besoin d'être
gravée sur les tables de la loi, elle est dans
la nature des choses comme une conséquence
inflexible. C'est le néant à définir.

Je sens qu'il me faut recourir encore aux
exemples :

L'article 1er du Code de procédure est ainsi
conçu : « Toute citation devant les juges de
paix contiendra la date des jour, mois et an,
les noms, profession et domicile du demandeur, les noms, demeure et immatricule de
l'huissier, les noms et demeure du défendeur;
elle énoncera sommairement l'objet et les
moyens de la demande, et indiquera le juge
de paix qui doit connaître de la demande, et
le jour et l'heure de la comparution. »

Il n'y a dans ces dispositions aucune
sanction pénale exprimée, pour le cas où
elles seraient inobservées; le mot de *nullité*

ne s'y trouve point. Cependant faudra-t-il, Art.
appliquant ici l'article 1030, admettre comme
une citation valable un exploit que l'on vou-
dra ainsi qualifier, et qui n'énoncera ni les
noms de celui qui cite et de celui que l'on
cite, ni le tribunal où il faudra comparaître,
ni le jour de la comparution, etc.?

Non; car vous voyez dans chacune de ces
formalités une substance qui détermine l'acte
à être une citation, et vous ne compren-
drez jamais une citation qui ne cite personne,
par laquelle personne ne cite, et qui ne cite
devant personne. Citer, c'est ajourner, *in
diem dicere;* c'est assigner un délai pour
venir : et certes vous ne pourriez vous faire
l'idée d'une citation qui ne fixerait pas le
jour de la comparution.

Il y a donc nullité, quoique la loi ne l'ait pas
dit. Avait-elle besoin aussi d'arborer la formule *à peine de nullité*, pour dire que celui
qui n'est pas juge n'a pas le pouvoir de juger,
et que le premier venu n'a pas capacité pour
signifier une citation, ou exécuter un arrêt?

Enfin, on compte beaucoup d'autres dispositions qui ne se rattachant par aucune
affinité substantielle à l'essence des actes, ne

veulent pas moins être observées à peine de
nullité, quoique cette peine ne soit pas *expressément* contenue dans les mots de la loi.
Ce sont les dispositions *prohibitives*. En général, prohiber un acte, c'est dire assez virtuellement que cet acte sera nul, en cas de
transgression. La simple raison suffit pour
déduire une conséquence aussi naturelle. Les
Romains l'avaient écrite dans leur droit : *Hoc
est ut ea quæ lege fieri prohibentur, si fuerint
facta, non solùm inutilia, sed pro infectis
etiam habeantur, licèt legislator prohibuerit
tantùm, nec specialiter dixerit inutile esse debere quod factum est ; sed et si quid fuerit
subsecutum ex eo, vel ob id quod interdicente
lege factum est, illud quoque cassum atque
inutile esse præcipimus* (1).

Les dispositions *prohibitives* ne règlent
point ce qui doit être fait, elles déclarent ce
qui ne peut pas être fait; ou bien elles établissent des conditions de temps, de lieu, de
capacité, de qualité, etc., sans lesquelles ce
qui a été fait ne vaudra.

---

(1) **L.** 5, *Cod. de Legibus.*
Voyez aussi *l.* 4, 9, 11 *et* 16 *Cod. de Prædiis et
aliis rebus minorum*, et l. 7, § 16, *ff. de Pactis.*

Les dispositions *impératives*, au contraire,   Art.
se contentent de prescrire, d'enjoindre ; mais
leur infraction n'est point punie par la nullité de l'acte, si la loi ne l'a pas dit *verbis*
expressis.

Violer une disposition *prohibitive*, c'est
aller contre ; c'est faire ce qu'elle ne veut pas.
Inobserver une disposition *impérative* ou *pré-*
ceptive, ce n'est point aller contre ; c'est ne
pas faire ce qu'elle veut.

Le législateur se sert indifféremment de plusieurs termes pour formuler ses prohibitions.

Tantôt il dit qu'une chose *ne peut être*
faite (1), et tout le monde sait par cœur la
fameuse maxime de Dumoulin : *Negativa*
præposita verbo POTEST, *tollit potentiam juris*
et facti, et inducit necessitatem præcisam,
designans actum impossibilem.

Tantôt il emploie cette locution : *La partie*
sera déclarée non recevable, ou bien : *elle ne*
sera pas reçue à... (2).

(1) Je prends pour exemples, dans la foule, les articles 128, 1035, 1395, 1967 du Code civil ; 165,
249, 268, 383, 423, 449, 451, 503, 510, 545, 552,
560, 580, 592, 781, 797 du Code de procédure ; 40,
198, 443 du Code de commerce, etc., etc.

(2) Art. 135, 892, 1311, 1341, 1346, 1363, 1415,

Art. Ailleurs vous lisez que *l'action ne sera pas admissible* (1), ou qu'*on ne sera pas admis à...* (2).

Ici, c'est une autre expression : *Tel jugement ne sera pas susceptible d'opposition* (3), ou *d'exécution* (4).

Là, une simple *négation* suffit pour qu'il y ait prohibition : *Telle chose ne sera pas faite.*

Sous toutes ces formes de langage, et dans tous les articles où elles se reproduisent, la loi n'a point voulu se mettre, faible et désarmée, à la merci d'un caprice d'équité cérébrine ou d'une paradoxale indépendance, s'abandonner au despotisme confus des opinions particulières, et faire des justiciables les esclaves de leurs juges. Il importe peu que la peine de nullité soit plus ou moins crûment écrite, elle est toujours empreinte dans le vif des articles qui prohibent un acte,

---

1923, etc., du Code civil; 22, 48, 289, 362, 369, 497, etc., du Code de procédure.

(1) Art. 888, 889 du Code civil.

(2) Art. 342, 881, 1352 du Code civil; 149, 612 du Code de commerce.

(3) Art. 153, 809 du Code de procédure.

(4) Art. 546 *ibidem*.

comme la déchéance dans ceux qui limitent Art.
un délai d'action ou de recours.

Toutefois, à ce principe qui sous-entend
la nullité d'un acte pour le cas où la disposition prohibitive a été violée, on admet des
exceptions et des restrictions.

Il n'y a pas nullité, si la loi punit l'infraction d'une autre peine; si elle prononce une
amende contre les contrevenans, une destitu-
tion, une suspension contre les fonctionnaires
qui ont instrumenté (1). *Nec sanè verisimile
est delictum unum eâdem lege variis æstima-
tionibus coerceri* (2).

L'effet de la prohibition doit être restreint
à l'objet que le législateur a eu principale-
ment en vue dans sa disposition. Par exemple:
l'article 626 du Code de procédure porte que
la saisie-brandon *ne pourra* être faite *que* dans
les six semaines qui précéderont l'époque ordinaire de la maturité des fruits; supposez
que cette époque ait été devancée par le sai-

_____

(1) Loi du 1er brumaire an vii, art. 37; loi du 22
frimaire an vii, art. 23 et 41; articles 156, 192 et 193
du Code civil; 276, 512 du Code de procédure; 85 et
87 du Code de commerce.

(2) *L.* 41, *ff. de Pœnis.*

Art.   sissant, est-ce à dire qu'il y aura nullité, parce que la loi est conçue en termes prohibitifs ?

Nullement; dans la discussion qui créa la loi, vous allez trouver son esprit, ses motifs, et la vraie portée de ses termes.

Au Conseil d'État, le rapporteur du projet, M. Réal, disait que si l'on permettait de saisir long-temps avant la récolte, le débiteur se trouverait ruiné par les frais de garde.

L'Archichancelier demanda si la contravention devait entraîner la nullité de la saisie.

M. Réal répondit que l'on n'avait pas eu l'intention d'établir cette peine.

Et sur la foi de ces explications, l'article fut adopté. Ce qu'on a voulu, c'est que le saisi ne se trouvât pas grevé des frais de garde, pour tout le temps antérieur aux six semaines qui précèdent l'époque où les fruits sont bons à prendre. La nullité, si nullité y a, ne produit point d'autre effet. Que la saisie ait été faite plus tôt ou plus tard, elle aura toujours mis la récolte sous la main de la justice (1).

_____

(1) Voyez M. Merlin, *Quest. de Droit*, v° *Nullité*, § 1, n° 8.

M. Toullier enseigne une doctrine toute contraire aux principes généraux qui viennent d'être exposés, touchant les dispositions *prohi- bitives*. Il prétend non-seulement que la loi 5, *Cod. de legibus*, n'a point en France d'auto- rité législative, ce qui est incontestable depuis la promulgation des Codes, mais encore qu'elle n'y fut jamais adoptée comme raison écrite, ce qui est insoutenable, a dit M. Mer- lin (1).

Voici l'aperçu des argumens de l'honorable professeur de Rennes :

Le Code civil a des articles où la peine de nullité se trouve *expressément* ajoutée aux dispositions *prohibitives* qu'ils contiennent; il ne suffit donc pas que la loi soit conçue en termes prohibitifs, pour qu'on puisse con- clure la nullité de l'acte prohibé.

Il est même des articles rédigés en forme *prohibitive*, qui se laissent violer fort impu- nément. Tel, par exemple, l'article 228, le- quel dit que la femme *ne peut* contracter un mariage nouveau avant dix mois écoulés de- puis la dissolution du premier, et ne porte

_____

(1) *Ibidem.*

Art. pas la plus légère atteinte à la validité du mariage nouveau.

Pour ce qui concerne la procédure, M. Toullier se retranche dans l'article 1030 que l'on connaît déjà (1).

La réfutation de ce système énervant a été entreprise par M. Merlin (2). Il était impossible de la rendre plus complète : pas un détail où la critique n'ait pénétré, pas une citation dont le sens n'ait été redressé, pas une objection qui n'ait été effacée, pas un doute qui n'ait été éclairci. C'est une des meilleures discussions que contienne la dernière édition des *Questions de Droit*.

N'est-il pas évident que les rares articles de nos Codes, où l'on a fait redonder la peine de nullité avec des termes prohibitifs, n'ont été rédigés ainsi, que pour rendre d'autant plus notoire et plus solennelle l'intention de mettre à néant ce que la loi a proscrit?

Qui ne sait que les clauses surérogatoires qui sont ajoutées dans une loi, dans un contrat, dans un testament, pour prévenir des doutes, là même où il ne saurait y en

(1) Tome 7, n° 482, et t. 12, n° 37.
(2) *Quest. de Droit*, v° *Nullité*, § 1, n° 2.

avoir, ne dérogent point au droit commun : Art.
quæ dubitationis tollendæ causâ contractibus
inseruntur, jus commune non lædunt (1) ?

Et la loi 5, *Cod. de legibus*, prouverait au
besoin que la peine de nullité peut se trouver
quelquefois jointe, par surabondance, à une
disposition *prohibitive*, puisqu'elle dit que les
actes prohibés sont nuls, *quoique* le législateur ne les ait pas spécialement frappés de
nullité : *licèt legislator prohibuerit tantùm,*
nec specialiter dixerit inutile esse debere quod
factum est.

De ce que la peine de nullité se trouve
mise à la suite de quelques dispositions prohibitives, comme dans les articles 1596 et
1597 du Code civil, il faudrait donc inférer *è*
contrario sensu, et c'est le plus mauvais des
raisonnemens, qu'elle ne doit point être sous-
entendue, quand elle n'est pas écrite en toutes
lettres après la prohibition !

Ainsi, la nullité ne saurait être suppléée
dans l'article 25, où il est dit que le mort
civilement *ne peut* ni disposer de ses biens en
tout ou partie, soit par donation entre-vifs,
soit par testament, si ce n'est pour cause

(1) L. 81, ff. *de Regulis juris.*

d'alimens ; qu'il *ne peut* être nommé tuteur, ni concourir aux opérations de la tutelle ; qu'il *ne peut* être témoin dans un acte solennel ou authentique, ni être admis à porter témoignage en justice ; qu'il *ne peut* procéder que sous le nom et par le ministère d'un curateur spécial !

Ainsi, la nullité ne serait point sous-entendue, en cas de contravention à l'art. 344 disant que nul *ne peut* être adopté par plusieurs, si ce n'est par deux époux, et que, hors le cas de l'article 366, nul époux *ne peut* adopter sans le consentement de l'autre !

Ainsi, un jugement qui consacrerait l'adoption d'un mineur, ne serait pas nul, quoique l'article 346 veuille que l'adoption *ne puisse*, en aucun cas, avoir lieu avant la majorité de l'adopté (1) !

(1) M. Merlin, *ubi suprà*, demande encore si l'on oserait sérieusement prétendre que la nullité n'est pas sous-entendue de plein droit dans les dispositions purement et simplement prohibitives des articles 516, 335, 445, 463, 464, 791, 903, 904, 1035, 1076 (§ 2), 1097, 1119, 1388, 1389, 1390, 1395, 1422, 1595, 1600, 1678, 1749, 1860, 1981, 2012, 2045 (§ 2 et 3), 2064, 2065, 2066, 2078, 2126, 2127, 2128, 2129 (§ 2), 2205, 2206, 2213, 2214, 2215 (§2), 2220, 2223, etc.

Et, revenant à la procédure, l'article 1030 Art.
ne permettrait donc pas d'annuler, à défaut
de disposition expresse, ce qui serait fait au
mépris de l'article 165, portant que l'opposition *ne pourra* jamais être reçue contre un
jugement qui aurait débouté d'une première
opposition; ou de l'article 510, portant qu'un
juge *ne pourra* être pris à partie, sans permission préalable; ou de l'article 545, portant que nul jugement ni acte *ne pourront* être
mis à exécution, s'ils n'ont le même intitulé
que les lois; ou de l'article 546, portant que
les jugemens rendus, et les actes reçus en
pays étrangers, *ne seront susceptibles d'exécution* en France, que de la manière et dans
les cas prévus par le Code civil (1); ou de
l'article 552, portant que la contrainte par
corps, pour objet susceptible de liquidation,
ne pourra être exécutée qu'après que la liquidation aura été faite en argent; ou de
l'article 560, portant que la saisie-arrêt
entre les mains de personnes non demeurant
en France sur le continent, *ne pourra* point
être faite au domicile des procureurs du
roi, et qu'elle devra être signifiée à personne

(1) Art. 2123 et 2128.

Art. ou domicile ; ou de l'article 580, portant que les traitemens et pensions dus par l'État *ne pourront* être saisis que pour une portion déterminée, suivant les lois et règlemens ; ou de l'article 580, portant que les pensions alimentaires *ne pourront* être saisies que pour cause d'alimens ; ou de l'article 592, portant que le coucher nécessaire d'un débiteur, et les habits dont il est vêtu, *ne peuvent* être saisis, etc., etc.

Il faudrait trop de pages pour citer tous les articles que le système de M. Toullier rendrait si pitoyablement inertes (1).

Je prie qu'on me permette d'ajouter une remarque qui n'a pas encore été faite, que je sache.

On se rappelle que l'article 1er du Code de procédure n'a point attaché la peine de nullité à l'omission des formalités qu'il prescrit pour la citation en justice de paix, et que la clause irritante ne doit pas moins y être sous-entendue (2) ; toutes les opinions

(1) Voyez M. Merlin, *ubi suprà*, et M. Perrin, *Traité des nullités*, chap. 3.

(2) Voyez ci-dessus, page 274.

s'accordent sur ce point, et c'est ce qu'en- Art.
seigne M. Toullier lui-même (1).

Or, lisez l'article 61 : vous y verrez que
l'ajournement doit contenir les mêmes formalités que la citation, sauf la constitution
d'avoué. Et cela ne pouvait être autrement,
car la citation est un ajournement devant les
juges de paix, comme l'ajournement est une
citation devant les juges ordinaires. Il n'y a de
différence que dans le nom (2). Cependant les
quatre paragraphes de l'article 61 se terminent
ainsi : *le tout à peine de nullité.*

D'où vient que ces mots sont ici, et ne sont
pas là, quand les deux articles se composent
de la même substance, et quand le même
principe doit nécessairement produire les
mêmes conséquences? Que faut-il en conclure?
Rien de sérieux. Peut-être que les auteurs du
Code, en retraçant les règles de l'ajournement, y ont mis la peine de nullité, parce
qu'ils la trouvaient écrite dans les articles
correspondans de l'ordonnance de 1667, de
même qu'ils l'ont laissée en sous-entente,
pour la matière plus neuve des citations en

(1) T. 7, n° 501, p. 586.
(2) Voyez le t. 2, p. 24.

Art. justice de paix, parce que les lois de 1790 et 1791 n'en faisaient pas mention. Peut-être aussi auront-ils tenu à marquer, par une clause surérogatoire, l'importance des formes et des intérêts, dans la juridiction des tribunaux et des Cours, comparativement à l'exiguïté des affaires qui s'agitent dans le prétoire des juges de paix.

Quoi qu'il en soit, il reste assez clairement démontré que la peine de nullité placée à côté de quelques dispositions, n'indique point qu'elle ne doive jamais être suppléée en d'autres endroits où elle n'est pas écrite; cette particularité n'a été considérée, dans aucun temps, comme une dérogation au principe qui renferme en soi la proscription de tout ce qui altère l'essence des actes et viole les prohibitions de la loi.

Si l'on venait à me dire que, pour appuyer ma démonstration, j'ai pris un exemple dans des articles où il s'agit de formalités *substantielles*, et que la discussion engagée sur la doctrine que je combats n'a trait qu'aux dispositions conçues en termes *prohibitifs*, j'accepterais l'objection pour m'en prévaloir, *à fortiori*.

Dès qu'il est unanimement avoué que

l'inobservation de ce qui tient à la substance Art.
des actes entraîne de droit la peine de nullité,
c'est une preuve de plus que la mention expresse de cette peine, dans un article *sub-
stantiel* ou *prohibitif*, n'est qu'une précaution
indifférente, qui n'ajoute rien à l'intention de
la loi, et qui ne peut tirer autrement à conséquence, par rapport à des articles de même
nature où la nullité n'est pas littéralement
exprimée.

Ainsi tombe le premier argument de M.
Toullier.

Quant au second, il consiste à tirer avantage de ce que les arrêts n'ont jamais déclaré
nuls les nouveaux mariages contractés avant
l'expiration des dix mois, à compter de la
dissolution d'un mariage précédent, quoique
l'article 228 du Code civil soit rédigé en forme
prohibitive : *la femme* NE PEUT *contracter*, etc.

Voici la réponse de M. Merlin :

« Il y a, pour ne pas suppléer la nullité
dans l'article 228, de même que dans les articles 295, 297 et 298 du Code civil, que
M. Toullier n'a pas cités, une raison tout-à-
fait particulière, et dont on ne peut faire aucune application aux autres ; c'est que les
empêchemens qu'ils établissent ne sont point

Arт. rappelés dans le chapitre qui a spécialement
pour objet *les demandes en nullité de ma-*
riage (1), et que, comme je l'ai fait remarquer, d'accord avec M. Toullier lui-même,
dans le *Répertoire de Jurisprudence* (2), le
législateur, en les passant sous silence dans ce
chapitre, a mis quiconque voudrait s'en prévaloir pour faire annuler les mariages contractés au mépris de l'obstacle qu'ils y ap-
portaient, dans l'impuissance de le faire. »

D'autres raisons pourraient être données ;
M. Merlin a sans doute pensé qu'elles seraient
inutiles.

Pourquoi n'ajouterait-on pas que la loi prononce une amende contre l'officier de l'état
civil, en cas de contravention à l'art. 228 (3),
et qu'il suffit de remémorer ici l'exception qui
laisse subsister l'acte prohibé, lorsque l'infraction est punie d'une autre peine que celle
de nullité (4) ?

Pourquoi ne placerait-on pas l'article 228

(1) Chap. 4, tit. 5 du livre 1er du Code civil.
(2) *V° Mariage*, sect. 6, § 2, quest. 6, sur l'article 184 du Code civil.
(3) Code pénal, art. 194.
(4) Voyez ci-dessus, pag. 279.

sous l'influence de cette maxime déjà notée (1), Art.
qui restreint les effets de la peine encourue
pour la transgression d'une loi prohibitive,
dans les limites de ses rapports avec l'intérêt
spécial, en faveur duquel la prohibition a été
décrétée ?

La défense faite à la femme, par l'art. 228,
ne crée pas un empêchement dirimant ; ce
n'est qu'un empêchement temporaire, une
mesure de précaution et de police, qui tend
à prévenir les inconvéniens possibles de la
précipitation des secondes noces : *propter
turbationem sanguinis et confusionem partûs.*

Or, quand une veuve n'a pas attendu le
terme des dix mois pour se remarier, loin
que l'annulation du nouveau mariage puisse
obvier à la confusion de part, ce serait commencer par jeter, à tout hasard, un remède
fatal et actuel sur les risques d'un évènement
incertain auquel il n'y aurait point de remède.
La rigueur de la prohibition ne peut humainement atteindre que l'officier de l'état civil.

Les anciens disaient que les règles générales devaient céder à la faveur des mariages ;
le même esprit se révèle dans la législation de

(1) Voyez ci-dessus, pag. 279.

Art. nos jours. Voyez l'article 193 du Code civil, qui inflige des amendes pour certaines contraventions, lors même que ces contraventions *ne seraient pas jugées suffisantes pour faire prononcer la nullité du mariage.*

Il faut, en tout, remonter aux principes des choses pour redescendre à l'application de leurs conséquences ; il faut savoir particulariser ses idées et les isoler des aperçus généraux, suivant l'exigence des cas ; enfin, il faut raisonner toujours *pro subjectâ materiâ.* Irez-vous dire que la peine de nullité ne doit jamais être suppléée dans une disposition *prohibitive,* parce qu'il y a des actes que la loi défend de faire, et qu'il n'est pas en son pouvoir de les annuler quand ils sont faits ?

Ainsi, l'article 592 du Code civil porte que l'usufruitier ne peut toucher aux arbres de haute futaie, à moins qu'ils n'aient été mis en coupe réglée : mais qu'adviendra-t-il, s'il y touche ? Les coups de cognée seront-ils déclarés nuls, et la justice opérera-t-elle le miracle de remettre les arbres dans l'état où ils étaient avant qu'ils fussent abattus ?

Ainsi encore, l'article 189 du Code de procédure veut que les pièces déposées au greffe, pour les communications entre avoués,

ne puissent être déplacées , si ce n'est qu'il en   A<small>RT.</small>
existe minute, ou que la partie y consente :
mais voici que les pièces ont été illégalement
déplacées ; sera-t-il possible de faire qu'elles
ne l'aient point été ? Toute puissance se réduit alors à punir l'un , et à indemniser
l'autre.

La conclusion qui se déduit de cet exposé,
c'est que les exceptions confirment la règle,
comme a dit Rodier sur le titre 1<small>er</small> de l'ordonnance de 1667 : « Il est vrai qu'on trouve dans
plusieurs articles la peine de nullité spécialement insérée, et non dans les autres : faut-il
en tirer la conséquence que cette peine n'a
lieu que pour les articles où elle est insérée? Non; mais il est encore moins douteux
d'appliquer à ceux-ci la peine de nullité, car
autrement la disposition de l'article 8 de ce
titre porterait à faux, et ne serait pas exacte.
Tout ce qu'on peut dire, c'est que dans les
articles où il y a une peine particulière prononcée, comme de dommages-intérêts, amende, ou autre, cette peine particulière est une
exception *à la peine générale*, et qu'en ce cas
la peine de nullité cesse. »

Le système de M. Toullier a porté quelque

trouble dans la jurisprudence (1). Toutefois on pense généralement que de toutes les erreurs auxquelles l'autorité d'un nom célèbre a pu donner cours, celle-ci devait obtenir le moins de crédit.

(1) La nullité de l'exploit signifié un jour férié, sans permission du juge, et au mépris des termes de l'article 1037, est toujours controversée. Je me suis déjà prononcé pour l'annulation dans mon second volume, p. 239, mais par des raisons autres que celles tirées de la disposition *prohibitive*. Je voulais prouver que, même en admettant que la nullité ne dût pas y être suppléée, il existait d'autres règles et d'autres considérations qui devaient faire mettre l'exploit à néant. C'est ainsi qu'il faut entendre les quelques mots, trop vagues peut-être, que j'ai dits alors touchant les dispositions prohibitives. Je ne m'y suis point arrêté, et j'ai renvoyé au présent chapitre pour le véritable examen de la question sous ce rapport. Un arrêt rendu par la Cour de Pau, le 22 juin 1833, l'a résolue dans le sens de la nullité. C'est un résumé parfait des principes sur la matière; il se termine par ce motif: « Que la loi serait en contradiction avec elle-même, si elle avait entendu maintenir les actes qu'elle défend de faire sans l'autorisation du président, qui est le seul juge de l'urgence, de qui seul l'huissier doit tenir le pouvoir que la loi lui retire pour les jours fériés; en sorte que l'acte fait ces jours-là, sans la permission du magistrat, doit être consi-

Il n'y a point de sujet qui se prête mieux Art.
aux mouvemens de style et à la popularité des
idées, que cette petite guerre contre les nullités. Pour moi, j'adopte, en toute humilité,
l'opinion naïve de nos devanciers : c'est au
législateur, disaient-ils, à déterminer la forme
des procédures et des jugemens. Pourquoi les
officiers ministériels ne voudraient-ils pas s'y
soumettre? Si l'on se relâche sur ce point, il
n'y aura plus rien de fixe, et, de l'un à l'autre,
on tombera dans une incertitude et un dés-
ordre également funestes. On accueille quelquefois des nullités que l'on a méprisées en
d'autres cas, ce qui fait qu'on ne sait à quoi
s'en tenir. Il en sera de la jurisprudence
comme d'un chemin que tantôt on quitte et
tantôt on reprend, et qui, dans l'entre-temps,
se couvre d'épines.

Les nullités d'un exploit ou d'un acte de
procédure sont *couvertes* par tout ce qui peut
faire présumer la renonciation de celui qui   173.
aurait eu le droit de s'en prévaloir : comme
s'il a mis un garant en cause, ou demandé

déré comme non avenu. » (*Journal des Avoués*, t. 46,
p. 160.)

Art. un délai afin de l'appeler; comme s'il a requis la communication des titres sur lesquels l'action est basée. Le premier pas fait pour entrer dans le fond de la cause ne lui permet plus de revenir en arrière, et de se reprendre à quelque vice de forme. « Autrement, disait M. de Lamoignon, ce serait pour les parties une grande vexation, qu'après plusieurs procédures et jugemens, la validité d'un exploit pût être révoquée en doute, et que les parties fussent réduites à l'incertitude continuelle de l'état d'un procès (1). »

Remarquez cependant que tous les préliminaires qui ne sont point en un désaccord absolu avec l'intention de proposer une nullité, ne peuvent pas faire supposer qu'on y ait renoncé.

Exemples : Requérir que l'original d'un exploit soit communiqué, ce n'est point donner à entendre que l'on se démet de la faculté de le faire annuler, s'il y a lieu; car cette communication peut révéler le moyen d'y parvenir.

Faire mettre l'affaire au rôle, poursuivre

(1) Procès-verbal des Conférences pour l'ordonnance de 1667, p. 6.

l'audience, ou demander une remise de la Art.
cause, ce n'est point annoncer que l'on veut
plaider sur le fond, et s'abstenir de conclure à
la nullité : car il faut bien que la cause soit
inscrite, et l'audience fixée, pour que la nullité puisse être discutée ; de même qu'il faut
un délai pour se préparer, si l'on n'est pas
prêt.

Laisser rendre préalablement une sentence
qui *joint le profit du défaut*, lorsque quelqu'un
des autres défendeurs assignés ne comparaît
pas, ce n'est point se soumettre à faire grâce
des nullités déjà commises ; car la jonction
et la réassignation ne tendent qu'à mettre en
présence toutes les parties, afin que chacune
d'elles puisse faire valoir ses exceptions ou
ses défenses, suivant qu'elle l'avisera.

Il n'est pas besoin d'ajouter que la constitution d'un avoué ne couvre rien, puisque,
sans l'assistance d'un avoué, on ne peut rien
proposer, rien écrire, rien plaider en justice.

Mais on va dire : constituer un avoué, poursuivre l'audience, réclamer une remise, etc.,
c'est fort ostensiblement faire acte de comparution. Or, l'ajournement a été donné pour que
l'ajourné vînt se défendre. Le voici venir : il a

ART. donc exactement reçu le cartel judiciaire; il a
donc reconnu la voix qui l'appelait; il s'est
donc appliqué lui-même les énonciations servant à désigner celui qui était appelé ; il n'a
donc point été induit en erreur, ni en doute,
sur le lieu, sur le jour où il devait se présenter.
N'est-ce pas tout ce que voulait la loi ? Et n'est-
il pas déraisonnable qu'une personne assignée
puisse se présenter devant les juges, l'exploit
à la main, pour conclure à ce qu'il soit déclaré nul ?

Il est vrai que la doctrine de nos vieux maîtres
ne le tolérait point. Consultez Imbert (1), Ma-
zuer et Fontanon (2); ils vous répondront « que
l'effet de l'ajournement est la *comparition* de la
partie ajournée; que l'ajournement étant nul,
pour quelque défectuosité, si la partie *com-
pare* en vertu d'icelui, il est parvenu à l'effet
et cause finale qui lui est propre, consé-
quemment la nullité est couverte et l'acte
valable, *non ratione citationis, sed ratione
præsentiæ.* » C'était une pratique générale;
Voet l'enseignait à Leyde (3), Mynsinger à

---

(1) Liv. 1 , chap. 18, n° 7.
(2) Pag. 6 et 7.
(3) *Ad Pandect. tit. de in jus vocando*, n° 14.

Fribourg (1), André Gaill (2) et Sébastien Art.
Vant (3) à Cologne.

Toutefois, l'ordonnance de 1667 a voulu
que les nullités d'exploit fussent *cotées* dès
l'entrée de la cause, comme un préalable, et
qu'autrement elles demeurassent couvertes
par les *défenses* et règlemens de la contestation (4). L'article 173 du Code de procédure y
est conforme : et comment serait-il possible de
préalablement coter ou *proposer* une nullité, si
l'on n'a pas commencé par comparaître? C'est
l'observation que tout le monde s'accorde à
faire aujourd'hui (5).

Avant d'examiner ce point, il faut distinguer, et ne pas rattacher à la question générale, toutes les espèces de défectuosités qui
peuvent vicier un ajournement.

---

(1) *Centur.* 2, *observ. n*₀ 3, *p.* 57.

(2) *Pract. Observ. liv.* 1, *observ.* 48, *n*₀ 4, *et observ.*
58, *p.* 74 *et* 88.

(3) *Tract. de nullitatibus processuum, tit. quibus
modis sententia nulla defendi potest.*

(4) Tit. 5, art. 5. Voyez le *Procès-verbal des Conférences,* p. 6 et 7.

(5) Voyez entre autres M. Merlin, *Quest. de Droits,*
*v*⁰ *Assignation,* § 5 et 16.

Art.   Sans peine on comprendra qu'il n'y a rien
de contraire à l'ordre naturel des idées, quand
je viens à l'audience demander la nullité d'un
ajournement qui ne contient ni l'objet de la
demande, ni l'exposé sommaire des moyens :
car ce n'est pas là seulement le mépris d'une
forme servant à constater le fait de l'assignation, c'est la suppression du droit de défense
et de ses garanties les plus sacrées ; c'est
m'appeler au tribunal et requérir que j'y sois
condamné, sans que je sache à quoi, pourquoi et sur quoi. L'ajournement est bien
parvenu à sa cause finale, quant à ma comparution, mais non en ce qui touche la préparation et la sauveté de ma défense. Lorsque
j'apporte une plainte contre une tentative de
guet-apens, il serait trop absurde de supposer que je l'approuve.

Relativement aux autres nullités que peut
faire éclore le défaut d'énonciation suffisante
des noms, du domicile, du *parlant à*, etc.,
il faut tâcher d'expliquer cette disposition,
contre laquelle les argumens se heurtent et
se brisent, qui permet à l'ajourné de venir
dire à la barre qu'il a fort exactement reçu
l'ajournement, mais que ce doit être comme
s'il ne l'avait pas reçu, parce que toutes les

règles prescrites pour lui en assurer la re- ART.
mise n'ont pas été strictement observées.

Dans les commentaires, dans les arrêts, je
n'ai point trouvé de réponse à tous les griefs
que peut étaler là-dessus la logique de
l'équité, sinon que c'est une vaine lutte contre
la lettre de la loi.

J'avoue que cette lettre de la loi m'a tenu
long-temps en échec, tandis que, fidèle à mon
plan, je voulais percer l'épaisse enveloppe
qui doit recouvrir un motif.

Voici ce qui m'est apparu :

Si le législateur n'eût pas neutralisé l'entraî-
nement de cette conséquence qui fait couvrir,
par la comparution, les nullités relatives à
la remise de l'assignation et aux doutes que
produisent des indications imparfaites, le
défendeur mal assigné se serait bien gardé
de comparaître, et n'aurait manqué jamais
de se laisser condamner par défaut. Puis il
aurait toujours attendu que le jugement eût
été expédié, signifié et exécuté, car on a
jusqu'à l'exécution pour se montrer et s'opposer ; alors seulement il aurait formé son opposition fondée sur la nullité de l'assignation,
disant qu'il ne l'avait point reçue ; et toutes ces
procédures de défaut, d'expédition, de signi-

Art. fication, d'exécution, et de second jugement
qui rétracte le premier, seraient tombées à
la charge du demandeur, avec une perte de
frais et de temps dix fois plus lourde qu'il
n'échoit, depuis que l'on raisonne avec moins
de rigidité, et que l'on admet le défendeur
à venir de prime saut dire : l'assignation est
nulle.

Ce système, tel que je l'entrevois, est
moins positif que celui des temps qui précé-
dèrent l'ordonnance; toutefois il est conçu
d'une manière plus humaine et plus secou-
rable. Cela ressemble peut-être à un para-
doxe; mais loin qu'on doive trop logique-
ment chicaner un plaideur qui présente son
ajournement pour le faire déclarer nul, je
crois qu'il faut lui aplanir cette voie plus
franche, et l'enhardir à attaquer de front, afin
qu'il ne s'avise point de tourner *la fin de non-
recevoir*, et de s'embusquer dans les détours
ruineux de la vieille route.

M. Carré refuse aux juges le pouvoir de
prononcer *d'office* la nullité de l'ajournement,
dans le cas où le défendeur fait défaut (1).

_____

(1) *Lois de la procéd.*, t. 1 ; p. 463.

Cette opinion, adoptée par M. Favard (1), Art.
ne doit pas être suivie.

C'est quand le défendeur se présente, et
qu'il ne propose pas la nullité, qu'elle est
couverte par son silence; mais non lorsqu'il
ne comparaît point.

Ne se rappelle-t-on pas que la demande ne
doit jamais être adjugée par défaut, avant
qu'elle ait été *bien vérifiée*. Or, cette vérification a plus d'importance encore pour la
forme que pour le fond ; car l'assignation
étant défectueuse, c'est comme si le défendeur
n'avait point été appelé, et nul ne peut être
condamné, s'il n'a pu se défendre.

Il est des praticiens qui ne rédigent ni
conclusions, ni requêtes, sans y ajouter des
protestations contre ce qu'ils n'entendent pas
faire, lesquelles se terminent notamment par
des réserves de faire valoir tous moyens de
nullité, ainsi qu'ils aviseront.

Ces précautions ou *cautèles*, comme on
disait autrefois, n'ont pas la moindre vertu. Si
vous commencez par discuter le fond de la
cause, vous couvrirez les nullités de l'ajour-

(1) *Répert.*; t. 2, p. 462 et 463.

Aʀᴛ. nement, en dépit des plus énergiques réserves. Il en sera de même pour les autres actes de procédure, dans le cours de l'instruction. *Qui protestatur nihil agit* : cette maxime s'applique à tous les cas où celui qui proteste avait la liberté d'agir autrement qu'il n'a fait.

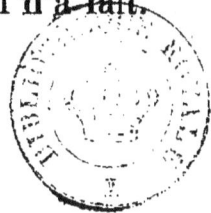

www.ingramcontent.com/pod-product-compliance
Lightning Source LLC
Chambersburg PA
CBHW060421200326
41518CB00009B/1439